Holger Grumt Suárez | Roland Grumt Suárez

111 Insekten, die täglich unsere Welt retten

emons:

Bibliographische Informationen der Deutschen Nationalbibliothek
Die Deutsche Nationalbibliothek verzeichnet diese Publikation
in der Deutschen Nationalbibliografie; detaillierte bibliografische
Daten sind im Internet über http://dnb.d-nb.e abrufbar.

© Emons Verlag GmbH
Alle Rechte vorbehalten
© der Fotografien: siehe Bildnachweis Seite 234
© Covermotiv: shutterstock.com/Mark Brandon;
shutterstock.com/Marco Uliana; shutterstock.com/alslutsky;
shutterstock.com/Anton Kozyrev; shutterstock.com/Elena11;
iStockphoto.com/Andrea Hill
Layout: Eva Kraskes, nach einem Konzept
von Lübbeke | Naumann | Thoben
Druck und Bindung: CPI – Clausen & Bosse, Leck
Printed in Germany 2021
Erstausgabe 2019
ISBN 978-3-7408-0628-6
Aktualisierte Neuauflage Februar 2021

Unser Newsletter informiert Sie
regelmäßig über Neues von emons:
Kostenlos bestellen unter
www.emons-verlag.de

Vorwort

Insekten retten uns tagtäglich den »Arsch«! Sie sind die wahren Herrscher der Erde! Die Bedeutung, die ihnen für das ökologische Gleichgewicht zukommt, ist entscheidend für das Leben auf unserem Blauen Planeten.

Das sechste Massensterben ist in vollem Gange. Und dieses Mal erwischt es die Insekten! Eine der ältesten Lebensformen unseres Planeten. Der Rückgang der Insektenbiomasse ist gigantisch. Von einer jährlichen Schrumpfung von 2,5 Prozent ist die Rede. Die Ursachen sind vielseitig, aber stets menschengemacht. Was ein Asteroid für die Dinosaurier war, sind wir nun für die Insekten. Pestizide, Insektizide, Düngung, Lebensraumzerstörung, Abholzung, Globalisierung, Klimawandel – es gibt vieles, was den Insekten zusetzt. Das Insektensterben wirkt sich massiv auf die vorhandenen Ökosysteme aus. Ohne Insekten würden wir nicht einmal sechs Monate überleben. Es sind die Insekten, die »unseren« Planeten bewohnbar machen.

Wir haben uns überlegt, wie wir unseren kleinen Teil zu diesem wichtigen Thema leisten können. Und entstanden ist dieses Buch. Die Insekten gehören in unser aller Bewusstsein. Wir haben 111 Arten ausgewählt, die die Gesamtheit aller Insekten repräsentieren sollen. Weder haben wir uns lediglich auf Superlative gestürzt, noch sind wir die Rote Liste durchgegangen. Und auch keine Besten- oder Jahreslisten. Wir haben 111 »normale« und faszinierende Insekten genommen, die täglich auf die eine oder andere Weise »unsere Welt retten«. In kleine Geschichten und in lockere wie informative Texte verpackt stellen wir sie vor, zusammen mit außergewöhnlichen Makro-Aufnahmen. Wir verwenden eine Sprache, die auch für Kinder gut zu verstehen ist. Letztlich fängt es da nämlich an: Wenn Kinder von klein auf verstehen, dass Insekten eine alles entscheidende Rolle spielen, werden sie ein besseres Bewusstsein für Insekten entwickeln als die jetzigen Generationen.

111 Insekten

1. Ackerhummel | Hautflügler (Hymenoptera)
   Die Haustürsammlerin | 10
2. Asiatischer Marienkäfer | Käfer (Coleoptera)
   Ein Hoffnungsträger wird zum Problemfall | 12
3. Atlasspinner | Schmetterlinge (Lepidoptera)
   Die Natur kann manchmal ganz schön mies sein | 14
4. Baumhummel | Hautflügler (Hymenoptera)
   Wer sie stört, wird angeflogen und angestupst | 16
5. Baumhummer | Gespenstschrecken (Phasmatodea)
   Insektenbrummer statt Meeresbewohner | 18
6. Bergsingzikade | Schnabelkerfe (Hemiptera)
   Weder Heuschrecke noch Grille | 20
7. Bernstein-Waldschabe | Schaben (Blattodea)
   Wir sind hygienisch unbedenklich! | 22
8. Blaue Holzbiene | Hautflügler (Hymenoptera)
   Erfolgreich immigrieren | 24
9. Blauflügelige Ödlandschrecke | Heuschrecken (Orthoptera)
   Öde ist nur die Landschaft | 26
10. Blauflügel-Prachtlibelle | Libellen (Odonata)
    Morgenstund hat Blau im Mund | 28
11. Blutrote Heidelibelle | Libellen (Odonata)
    Aus Gelb wird Rot! | 30
12. Bunter Grashüpfer | Heuschrecken (Orthoptera)
    Der absolute Wecker-Sound | 32
13. Chans Megastab | Gespenstschrecken (Phasmatodea)
    Kein Zauberstab, sondern ein tropisches Stabinsekt | 34
14. Cochenilleschildlaus | Schnabelkerfe (Hemiptera)
    Mein kleiner grüner Kaktus, hollari, hollari, hollaro | 36
15. Deutsche Schabe | Schaben (Blattodea)
    Wenn eine stirbt, kommen Hunderte zur Beerdigung | 38
16. Deutscher Meerwasserläufer | Schnabelkerfe (Hemiptera)
    Ein Ozean voller Insekten | 40
17. Dicke-Po-Ameise | Hautflügler (Hymenoptera)
    Pilze, Pilze und noch mehr Pilze | 42
18. Dunkelbrauner Kugelspringer | Springschwänze (Collembola)
    Wo wir sind, ist der Boden gesund! | 44

19 Dunkle Erdhummel | Hautflügler (Hymenoptera)
Ein nicht wählerischer Ubiquist | 46

20 Esparsetten-Widderchen | Schmetterlinge (Lepidoptera)
Die Nacht ist zum Kuscheln da | 48

21 Europäische Gottesanbeterin | Gottesanbeterinnen (Mantodea)
Sie hat danach einfach Hunger! | 50

22 Europäische Hornisse | Hautflügler (Hymenoptera)
Zu Unrecht einen schlechten Ruf! | 52

23 Europäische Maulwurfsgrille | Heuschrecken (Orthoptera)
Der Chuck Norris unter den Grillen | 54

24 Europäischer Bachhaft | Netzflügler (Neuroptera)
Ein Flügelvirtuose, aber kein Fluggenie | 56

25 Feldgrille | Heuschrecken (Orthoptera)
Der schreckhafte Schrecken-Pavarotti | 58

26 Feldmaikäfer | Käfer (Coleoptera)
Doch die Käfer, kritze, kratze! | 60

27 Formosa-Termite | Termiten (Isoptera)
Ein Top-Verwerter von einem anderen Stern | 62

28 Gallische Feldwespe | Hautflügler (Hymenoptera)
Ganz ohne Zaubertrank die Welt retten | 64

29 Garten-Wollbiene | Hautflügler (Hymenoptera)
Der Batman unter den Bienen | 66

30 Gebänderte Flussköcherfliege | Köcherfliegen (Trichoptera)
Die nächtlichen Wassertänzerinnen | 68

31 Geflecktflügelige Ameisenjungfer | Netzflügler (Neuroptera)
Fallenstellende Larven brechen Rekorde | 70

32 Gelbbindige Furchenbiene | Hautflügler (Hymenoptera)
Das Klima wird wärmer! Definitiv! | 72

33 Gelbfüßige Kamelhalsfliege | Kamelhalsfliegen (Raphidioptera)
Ein stiller Nützling, der kein Tamtam macht | 74

34 Gelbrandkäfer | Käfer (Coleoptera)
Unter Wasser ist es am schönsten | 76

35 Gemeine Eintagsfliege | Eintagsfliegen (Ephemeroptera)
Alt, älter, Eintagsfliegen | 78

36 Gemeine Florfliege | Netzflügler (Neuroptera)
Eine Katzenminze liebende Fliege | 80

37 Gemeine Skorpionsfliege | Schnabelfliegen (Mecoptera)
Eine Exotin, die es in der Liebe kompliziert mag | 82

38 Gemeine Wasserflorfliege | Schlammfliegen (Megaloptera)
Ein Urinsekt als Delikatesse für Kiementräger | 84

39___ Gemeine Wespe | Hautflügler (Hymenoptera)
Gemein sind immer nur die anderen: Menschen | 86

40___ Gemeiner Mistkäfer | Käfer (Coleoptera)
Was gibt es Besseres als einen frischen Dunghaufen? | 88

41___ Gemeiner Ohrwurm | Ohrwürmer (Dermaptera)
Ein Ohrwurm kommt, um zu bleiben | 90

42___ Giraffenhalskäfer | Käfer (Coleoptera)
Ein endemischer Exot aus dem fernen Madagaskar | 92

43___ Glänzendschwarzer Getreideschimmelkäfer | Käfer (Coleoptera)
Lust auf Insekten-Burger? | 94

44___ Goldaugenbremse | Zweiflügler (Diptera)
Blutrünstige Weibchen | 96

45___ Goldener Schildkrötenkäfer | Käfer (Coleoptera)
Mit Farben spielen | 98

46___ Goldglänzender Rosenkäfer | Käfer (Coleoptera)
Adonis und die sieben Engerlinge | 100

47___ Goldlaufkäfer | Käfer (Coleoptera)
In diesem Fall ist alles Gold, was glänzt | 102

48___ Große Eintagsfliege | Eintagsfliegen (Ephemeroptera)
Eintagsfliege ist nicht gleich Eintagsfliege | 104

49___ Große Kerbameise | Hautflügler (Hymenoptera)
Ein Teamplayer auf ganzer Linie | 106

50___ Große Königslibelle | Libellen (Odonato)
Wenn die Königin fliegt, fliegen alle anderen raus | 108

51___ Große Steinfliege | Steinfliegen (Plecoptera)
Die Fliegenfischenfliegenfliege | 110

52___ Große Wachsmotte | Schmetterlinge (Lepidoptera)
Her mit dem Plastik! | 112

53___ Großer Bombardierkäfer | Käfer (Coleoptera)
Ein echter Sprengstoff-Experte | 114

54___ Großes Heupferd | Heuschrecken (Orthoptera)
Nicht alle Pferde kann man reiten | 116

55___ Grüne Tannenhoniglaus | Schnabelkerfe (Hemiptera)
Die Tannenhonig-Produzentin | 118

56___ Gullymücke | Zweiflügler (Diptera)
Die Toilettenfliege, die eigentlich eine Mücke ist | 120

57___ Hainschwebfliege | Zweiflügler (Diptera)
Eine wandernde Wespe, die keine Wespe ist | 122

58___ Haubenfangschrecke | Gottesanbeterinnen (Mantodea)
Gäste aus fernen Galaxien? | 124

59 — Heiliger Pillendreher | Käfer (Coleoptera)
Eine Kugel Scheiße, bitte! | 126

60 — Helle Tanzfliege | Zweiflügler (Diptera)
Dance-Battle im Fliegenreich | 128

61 — Hirschkäfer | Käfer (Coleoptera)
Vollkommen besoffen auf dem Waldboden | 130

62 — Holzwespen-Schlupfwespe | Hautflügler (Hymenoptera)
Ein Parasit von größtem Nutzen | 132

63 — Hottentottenfliege | Zweiflügler (Diptera)
Der Name ist Programm | 134

64 — Hufeisen-Azurjungfer | Libellen (Odonato)
Wie Romeo über seine Julia wacht | 136

65 — Hylaeus nigritus | Hautflügler (Hymenoptera)
Keine Härchen, dafür ordentlich Speichel | 138

66 — Kartoffelkäfer | Käfer (Coleoptera)
Der beste Freund und Feind der Kartoffel | 140

67 — Kleine Fangschrecke | Gottesanbeterinnen (Mantodea)
Klein und friedlich, auch nach der Fortpflanzung | 142

68 — Kleiner Leuchtkäfer | Käfer (Coleoptera)
Kriegen Glühwürmchen beim Glühen einen heißen Po? | 144

69 — Kleinköpfiger Uferbold | Steinfliegen (Plecoptera)
Warum fliegen, wenn sitzen viel bequemer ist! | 146

70 — Kopflaus | Tierläuse (Phthiraptera)
Ein weitestgehend ungefährlicher Parasit | 148

71 — Küsten-Waldschabe | Schaben (Blattodea)
Die harmlose heimische Kakerlake | 150

72 — Lackschildlaus | Schnabelkerfe (Hemiptera)
Im Geiste der Ausscheidungen | 152

73 — Libellen-Schmetterlingshaft | Netzflügler (Neuroptera)
Der Birdman ist los | 154

74 — Maulbeerspinner | Schmetterlinge (Lepidoptera)
Der spinnt! | 156

75 — Menschenfloh | Flöhe (Siphonaptera)
Der schwarze Tod durch Yersinia pestis | 158

76 — Monarchfalter | Schmetterlinge (Lepidoptera)
Wandern ist des Monarchfalters Lust | 160

77 — Nashornkäfer | Käfer (Coleoptera)
Stark, stärker, Nashornkäfer | 162

78 — Orius niger | Schnabelkerfe (Hemiptera)
Der Sauger und Beißer | 164

79 Panda-Ameise | Hautflügler (Hymenoptera)
Weder Panda noch Ameise | 166

80 Panther-Ameisenjungfer | Netzflügler (Neuroptera)
Ein Leben in vorbildlichen Biotopen | 168

81 Phaeostigma notata | Kamelhalsfliegen (Raphidioptera)
Unscheinbar und doch auffällig | 170

82 Pilzkopf-Köcherjungfer | Köcherfliegen (Trichoptera)
Kopfschmuck zum Staunen | 172

83 Riesenschnake | Zweiflügler (Diptera)
Hey, hey, HEY! | 174

84 Ritterwanze | Schnabelkerfe (Hemiptera)
Pflanzen-, nicht Blutsauger! | 176

85 Rostrote Mauerbiene | Hautflügler (Hymenoptera)
Das Insekt des Jahres 2019 | 178

86 Rote Waldameise | Hautflügler (Hymenoptera)
Naturschützende Architekten-Genies | 180

87 Rotgelbe Knotenameise | Hautflügler (Hymenoptera)
Allesfresserin und Pflanzensamenverteilerin | 182

88 Sandohrwurm | Ohrwürmer (Dermaptera)
Gebt uns Fleisch! | 184

89 Scharlachroter Feuerkäfer | Käfer (Coleoptera)
Die faulen, feuerliebenden Waldretter | 186

90 Schwalbenschwanz | Schmetterlinge (Lepidoptera)
Eines von vielen Paradebeispielen | 188

91 Schwarzbäuchige Taufliege | Zweiflügler (Diptera)
Erst die Taufliege, dann die Maus, dann der Mensch! | 190

92 Schwarzhörniger Totengräber | Käfer (Coleoptera)
Eine erfolgreiche Leichenbestatter-Familie | 192

93 Siebenpunkt-Marienkäfer | Käfer (Coleoptera)
Der schwarz gepunktete rote Glücksbringer | 194

94 Silberfischchen | Fischchen (Zygentoma)
Sie lieben Zucker! | 196

95 Spanische Fliege | Käfer (Coleoptera)
Libido vs Erektion | 198

96 Steinhummel | Hautflügler (Hymenoptera)
Ganz schön pelzig (auf der Zunge) | 200

97 Stubenfliege | Zweiflügler (Diptera)
Das Haustier eines Jedermanns | 202

98 Tabakblasenfuß | Fransenflügler (Thysanoptera)
Ein gefürchteter Bestäuber-Schädling | 204

| 99 | Tagpfauenauge | Schmetterling (Lepidoptera)
Fliegende Augen | 206
| 100 | Taubenschwänzchen | Schmetterlinge (Lepidoptera)
Ich wär so gern ein Kolibri! | 208
| 101 | Teufelsblume | Gottesanbeterinnen (Mantodea)
Die Königin unter den Gottesanbeterinnen | 210
| 102 | Theiß-Eintagsfliege | Eintagsfliegen (Ephemeroptera)
Theiß statt Schweiß | 212
| 103 | Totenfliege | Zweiflügler (Diptera)
Wir wissen weder wie noch warum, aber wann! | 214
| 104 | Totenkopfschwebfliege | Zweiflügler (Diptera)
Batmans Verbündete | 216
| 105 | Totes Blatt (Mantodea) | Gottesanbeterinnen (Mantodea)
Tarnung à la Mantis | 218
| 106 | Totes Blatt (Taghafte) | Netzflügler (Neuroptera)
Ein quicklebendiges Totes Blatt | 220
| 107 | Westliche Honigbiene | Hautflügler (Hymenoptera)
Bedeutend, bedeutender, Honigbiene | 222
| 108 | Zitronenfalter | Schmetterlinge (Lepidoptera)
Ein Männerkleid in Zitronengelb | 224
| 109 | Zweigestreifte Quelljungfer | Libellen (Odonata)
Was für dich lästig ist, ist ein Schmaus für uns | 226
| 110 | Zweipunkt-Marienkäfer | Käfer (Coleoptera)
Ein dramatischer Thriller | 228
| 111 | Zweiundzwanzigpunkt | Käfer (Coleoptera)
Ich bin gelb, und ihr seid doof! | 230

HAUTFLÜGLER (HYMENOPTERA)

1 — Ackerhummel
Die Haustürsammlerin

Sie macht den Anfang, die Ackerhummel. Wir haben die 111 Insekten klassisch und übersichtlich nach Alphabet geordnet, aber die Ackerhummel wäre auch unabhängig davon eine gute Nummer eins gewesen. Also: Vorhang auf für die Haustürsammlerin.

Nein, die Ackerhummel sammelt keine Haustüren. Der Ausdruck bedeutet, dass sie sich beim Aufsuchen ihrer Trachtpflanzen selten weiter als 100 Meter von ihrem Nest entfernt. Beim Pollensammeln verhält sie sich opportunistisch, nutzt das vorhandene Blütenangebot in vielfältiger Weise.

Die Ackerhummel ist bei uns die am häufigsten vorkommende Hummelart. Und das ist auch gut so, denn sie ist eine Bestäubungs-Weltmeisterin. Die Hummel gehört zu den wichtigsten blütenbestäubenden Insekten weltweit und nimmt eine Schlüsselfunktion in den von ihr bewohnten ökologischen Systemen ein. Ihre Nester mit verhältnismäßig kleiner Populationsgröße (60–150 Individuen) erbaut sie in Baumhöhlen und in verkrauteten Bodenschichten.

Sowohl frisch geschlüpfte Ackerhummeln als auch alle anderen Hummelarten fressen den Kot von Artgenossinnen. Klingt unappetitlich, ist aber hocheffizient. Während der vollständigen Metamorphose von der Larve zum geschlechtsreifen Insekt (Imago) werden sämtliche Darmbakterien abgetötet, denn der Verdauungstrakt muss komplett neu gebildet werden. Der Fremd-Kot hilft dabei, schneller effiziente Darmbakterien zu kultivieren.

Hummeln stärken mit dieser Praktik also ihre Darmflora, entwickeln einen Parasitenschutz und bestärken ein vielfältiges Mikrobiom. Was noch nicht viele wissen: Unsereins macht es den Hummeln nach. Und zwar in Form von Stuhltransplantationen, die in Zukunft ein alltägliches »Geschäft« sein werden. Die Darmflora und das gesamte Mikrobiom prägen unser Leben und unsere Gesundheit. Ein »Stuhl-Happen« ist deshalb wirkungsvoll, das wissen die Hummeln schon lange.

Art Gattung Familie Bombus pascuorum, Hummeln, Echte Bienen | **Verbreitung** Europa | **Größe** 10–18 Millimeter Länge, 16–24 Millimeter Flügelspannweite | **Habitat** Wiesen, Waldränder, Parkanlagen, Gärten | **Vorkommen** März–Nov. | **Ernährung** Larve: Pollen; Imago: Nektar, Pollen | **Hinter die Ohren schreiben** Hummeln, die »Teddys der Lüfte«, gehören zu den Top Drei der Bestäuber-Insekten!

2 Asiatischer Marienkäfer
Ein Hoffnungsträger wird zum Problemfall

Der Asiatische Marienkäfer, in Asien heimisch, vor allem in Japan und China, wurde vor gut drei Jahrzehnten in Europa eingebürgert. Ganz legal, mit Papieren, Willkommensgeld und allem Pipapo. Er wurde mit offenen Armen herzlichst empfangen und galt als Hoffnungsträger.

Ein Zuhause war schnell gefunden: Gewächshäuser. Und für Nahrung war auch bestens gesorgt: ausartende und unwillkommene Blattlauspopulationen. Man versprach sich große Taten von ihm. Er sollte nicht weniger als die ultimative biologische Schädlingsbekämpfungswaffe werden.

So weit, so gut. Auf den ersten Blick eine prima Sache. Der Asiatische Marienkäfer ist ein Blattlausvertilger von einem anderen Stern. Unser heimischer Siebenpunkt-Marienkäfer (siehe Insekt 93) schafft an einem guten Tag etwa 50 Blattläuse. Eine Zahl, bei der der Asiatische Marienkäfer nur müde lächelt. Er kann ohne Weiteres täglich 200 bis 250 Blattläuse vertilgen. An guten Tagen sogar bis zu 300 und mehr. Eine hocheffiziente Bio-Waffe!

Und nun zur Kehrseite: Der Asiatische Marienkäfer fühlte sich schnell heimisch und käferwohl bei uns. Unzählige Exemplare folgten dem Duft der Freiheit und büxten aus. Und da draußen, in der freien Natur, hat er keine Fressfeinde. Er vermehrt sich überproportional schnell, und da Marienkäfer auch Marienkäferlarven der Artgenossen fressen, führt das bei heimischen Arten zu einer bedrohlichen Distinktion.

Das war aber noch nicht alles: Der Asiatische Marienkäfer trägt Mikrosporidien in sich, die für ihn ungefährlich sind. Er ist resistent gegen diese Parasiten. Für die heimischen Marienkäfer, die sich beim Fressen von Asiatischen Marienkäferlarven mit den entsprechenden Sporidien infizieren und diese Resistenz bisher nicht entwickeln konnten, sind die Parasiten jedoch tödlich. Unter Kontrolle ist der Asiatische Marienkäfer ein Segen, außer Kontrolle ein Fluch.

Art Gattung Familie Harmonia axyridis, Harmonia, Marienkäfer | **Verbreitung** Asien, Nordamerika, Europa | **Größe** 6–8 Millimeter Länge, 14–18 Millimeter Flügelspannweite | **Habitat** Wälder, Gärten, Gewächshäuser | **Vorkommen** April–Okt. | **Ernährung** Larve: Eier, Larven und Puppen eigener und anderer Marienkäferarten, Blattläuse; Imago: Insekteneier, Insektenlarven, Blattläuse, Schildläuse | **Hinter die Ohren schreiben** Marienkäfer sind effiziente Nützlinge!

SCHMETTERLINGE (LEPIDOPTERA)

3 — Atlasspinner
Die Natur kann manchmal ganz schön mies sein

Manch Eintagsfliege lebt länger als der Atlasspinner. Klingt komisch, ist aber so. Dabei ist der Atlasspinner keineswegs nur irgendein Schmetterling. Er ist einer der weltweit größten bekannten Schmetterlinge. Mit seinen bis zu 30 Zentimeter Flügelspannweite hat er mehr als Insekten-Gardemaße. Und mit etwa 400 Quadratzentimetern besitzt er die größte Flugfläche aller bekannten Insekten.

Doch lebt er im Normalfall nicht länger als zehn Tage. Warum? Weil er nichts frisst. Einmal voll entwickelt, zehrt er von seinen Reserven, die er sich als Raupe zugelegt hat, und stirbt den Hungertod. Als Imago nichts zu fressen und eine Lebenserwartung von nur wenigen Tagen zu haben, ist im Insektenreich nicht selten. Es gibt eine Vielzahl von Insekten, und es gibt ebenso vielseitige Gründe dafür.

Beim Atlasspinner hat das einen ganz einfachen, aber auch extremen und selbst unter Insekten absonderlichen Grund: Die meisten ernährungslosen Imagines haben verkümmerte Mundwerkzeuge, was das Fressen erschwert und in der Regel ausschließt. Der Atlasspinner hat nicht einmal einen Mund, ergo auch keine Mundwerkzeuge. Was sich bei anderen im Verlauf der individuellen Artentwicklung sukzessive zurückbildete, verschwand beim Atlasspinner komplett. Ohne entsprechende Organe wird die Nahrungsaufnahme ein Ding der Unmöglichkeit.

Der Atlasspinner ist ein Musterbeispiel für die Bedeutung der Artenvielfalt für ein gesundes Ökosystem, auch wenn er oder gerade *weil* er keinen Mund besitzt. Heimisch ist der Atlasspinner nicht. In der Natur können Sie ihn lediglich in Indien und Südostasien betrachten, wo sein Kokon auf zweierlei Arten genutzt wird: Einerseits wird aus dem Kokon Fagaraseide gewonnen, andererseits wird der Kokon als Geldbeutel benutzt. Letzteres mag kurios klingen, aber der Kokon des Atlasspinners ist so groß und robust, dass lediglich ein Reißverschluss eingenäht werden muss.

Art Gattung Familie Attacus atlas, Attacus, Pfauenspinner | **Verbreitung** Südostasien, Indien | **Größe** 150–200 Millimeter Länge, 250–300 Millimeter Flügelspannweite | **Habitat** tropische, subtropische Wälder | **Vorkommen** ganzjährig | **Ernährung** Raupe: Pflanzenteile; Imago: nimmt keine Nahrung zu sich | **Hinter die Ohren schreiben** Schmetterlinge sind vielseitig und erscheinen in allen erdenklichen Größen, Mustern und Farben!

HAUTFLÜGLER (HYMENOPTERA)

4 Baumhummel
Wer sie stört, wird angeflogen und angestupst

Die Baumhummel hat, im Gegensatz zu den meisten anderen Hummelarten, ein empfindliches Gemüt. Kommt man ihr zu nahe, fühlt sie sich schon nach kurzer Zeit gestört. Sie ist leichter reizbar als ihre Artgenossinnen. Ihr Abwehrverhalten ist stärker ausgeprägt als zum Beispiel bei der Ackerhummel (siehe Insekt 1), und sie verteidigt schneller und rabiater ihr Nest. Ihr Abwehrverhalten beinhaltet das ständige Anfliegen und Anstupsen des Störenfriedes.

Die Baumhummel ist eine ausschließlich oberirdisch nistende Hummelart. Sie bevorzugt Baumhöhlen, Fels- und Mauerspalten. Aber auch in Vogelnistkästen oder in menschlichen Baulichkeiten, sprich in Scheunen und Ställen, baut sie ihr Nest. Stets aber in luftiger Höhe. Sie ist als Hautflügler und Familienmitglied der Echten Bienen, wie alle anderen Hummeln, unerlässlich für die Blütenbestäubung. Viele Bäume und Pflanzen würden ohne Hummeln keine Früchte bilden. Sie sind wie Bienen und Wespen tagaktive Insekten, die unermüdlich unterwegs sind.

Die Individuenstärke eines Hummelvolkes beträgt zwischen 60 und 400 Einzelexemplare. Zum Winter hin stirbt der gesamte Hummelstaat bis auf die Königin. Diese überwintert und gründet im Frühjahr ein neues Volk. Verschwendung? Keineswegs, das ist der gut funktionierende Kreislauf der Natur. Jede einzelne tote Hummel dient anderen Insekten und Kleintieren als Nahrung. Die Natur recycelt sich seit jeher höchst erfolgreich selbst.

Hummel-Männchen (Drohnen) treten im Sommer nur kurz auf. Ihre einzige Aufgabe ist es, eine Königin zu suchen und zu begatten. Bei der Baumhummel ist das ein kurioses Schauspiel. Ende Mai, Anfang Juni kreisen die Baumhummel-Drohnen vor den Nistkästen und warten auf eine herausfliegende Jungkönigin. Sie verbringen Stunden damit, teils mehrere Tage hintereinander. In der Regel so lange, bis eine Jungkönigin auftaucht … oder bis sie vor Erschöpfung zu Boden fallen.

Art Gattung Familie Bombus hypnorum, Hummeln, Echte Bienen | **Verbreitung** Europa | **Größe** 8–20 Millimeter Länge, 19–38 Millimeter Flügelspannweite | **Habitat** Waldränder, Parkanlagen, Streuobstwiesen, Gärten | **Vorkommen** März–Okt. | **Ernährung** Larve: Nektar, Pollen; Imago: Nektar | **Hinter die Ohren schreiben** Hummeln fliegen auch bei schlechtem Wetter und bestäuben entsprechend auch bei Regen!

5 Baumhummer
Insektenbrummer statt Meeresbewohner

Der Baumhummer ist auf der australischen Lord-Howe-Insel zu Hause und wurde, wie auch einige andere Insekten- und Vogelarten auf der Insel, Opfer einer eingeschleppten Rattenplage Anfang des 19. Jahrhunderts. Seitdem steht er sinnbildlich für die Zerbrechlichkeit von Insel-Ökosystemen, die delikate Biozönosen und Biotope mit stets auserlesenen und aufeinander abgestimmten Organismen beheimaten.

Der Baumhummer ist ein seltenes Insekt, das ab 1960 als ausgestorben galt. Einige Jahrzehnte später fand man jedoch auf einer benachbarten Felsinsel Baumhummer-Exemplare. Anfang der 2000er wurde im Zuge eines Artenschutzprogrammes begonnen, die Tiere zu züchten, um sie eines Tages wieder auf der Lord-Howe-Insel auszusetzen.

Mit einem meeresbewohnenden Hummer ist der Baumhummer nicht verwandt, lediglich äußerlich ähnelt er dem Krebstier. Aber auch an eine dicke, fette Zigarre (auf sechs Beinen) fühlt man sich erinnert. Der Baumhummer zählt, als voluminöser Insektengenosse mit gedrungener, kräftiger Gestalt, zu den schwersten bekannten flugunfähigen und bodenbewohnenden Insekten. Er ist eine eigenständige Art, der einzige bekannte Vertreter der Gattung Dryococelus, und weder mit dem Baumhummer von Neuguinea noch mit dem von Neukaledonien verwandt. Sie haben sich unabhängig und parallel voneinander entwickelt. Evolutiv gingen jedoch alle Baumhummerarten aus grazilen, geflügelten Stabschrecken hervor und weisen in Form und Verhalten große Ähnlichkeiten auf.

Endemische Insektenarten wie der Baumhummer sind entscheidend für die gesunde, gleichgewichtige Ökologie eines eingegrenzten Areals. Das Zusammenspiel von Flora und Fauna auf einer kleinen Insel ist exemplarisch für das große Ganze. Anhand solcher ökologischer Nischensysteme wird deutlich, wie wichtig jedes einzelne Insekt ist. Jedes erfüllt eine Rolle im ausgeklügelten Evolutionsspiel.

Art Gattung Familie Dryococelus australis, Dryococelus, Phasmatidae | **Verbreitung** Lord-Howe-Inselgruppe | **Größe** 100–135 Millimeter Länge | **Habitat** gesamtes Inselterrain | **Vorkommen** ganzjährig | **Ernährung** Nymphe, Imago: Pflanzenteile | **Hinter die Ohren schreiben** Mit ihren teils bizarren Körperformen stehen Gespenstschrecken für die kuriose wie faszinierende Welt der Insekten!

SCHNABELKERFE (HEMIPTERA)

6 Bergsingzikade
Weder Heuschrecke noch Grille

Im Sommer grillt, zirpt und heuschreckt es melodisch im Takt eines fulminanten Outdoor-Festivals, bis sich die Grashalme biegen. Doch die Musiker und Gesangskünstler können und sollten nicht alle in einen Topf geworfen werden. Das Dreigespann aus Grille, Heuschrecke und Zikade wird gern als eine Insektenmasse betrachtet. Aber Vorsicht, eine Zikade ist weder eine Heuschrecke noch eine Grille. Und vice versa in doppelter Hinsicht gilt das ebenso.

Die Bergsingzikade ist unter den heimischen Zikaden eine der größten Arten und stark gefährdet. Wer sie singen hören möchte, braucht nicht nur das Glück, eine ausfindig zu machen, sondern auch und vor allem ein extrem gutes Gehör. Sie ist eine leise Sängerin, für uns Menschen kaum hörbar.

Außerdem brauchen Bergsingzikaden, wie auch die meisten anderen Zikaden-Arten, eine bestimmte Temperatur, um singen zu können. So kann man sie in der Regel nur an warmen Sommertagen hören. Ansonsten ist Ruhe im Gehölz. Im Gegensatz dazu können die Grillen von früh bis Abend durchsingen.

Die für das Zirpen zuständigen Trommelorgane werden nur von den Männchen benutzt. Es gibt wenige bis gar keine Zikaden-Weibchen, die sich zu einem Lied hinreißen lassen. Bergsingzikaden-Männchen sind äußerst scheue Insekten, tarnen sich gut in ihrer Umgebung und singen nahezu ausschließlich in höheren Gehölzen, was eine Sichtung in Gesangspose schwierig macht. Wer sie beobachten will, ohne den Zufall für sich arbeiten zu lassen, muss mit einem Ultraschallmikrofon anrücken.

Ein bekanntes Naturspektakel ist das lokal stattfindende Massenauftreten von Singzikaden alle 13 beziehungsweise 17 Jahre in den USA. Dann schlüpfen Milliarden Singzikaden gleichzeitig und machen einen ohrenbetäubenden Lärm. Das Phänomen dauert an die sechs Wochen und endet mit einem Massensterben, das gleichzeitig eine Überdüngung der Wälder bedeutet.

Art Gattung Familie Cicadetta montana, Cicadetta, Singzikaden | **Verbreitung** Mitteleuropa | **Größe** 23–28 Millimeter Länge, 35–45 Millimeter Flügelspannweite | **Habitat** verbuschte Trockenrasen, Lichtungen | **Vorkommen** Juni–Sept. | **Ernährung** Larve und Imago: Pflanzensaft | **Hinter die Ohren schreiben** Singzikaden beißen und stechen nicht, übertragen auch keine Krankheiten und sind in natürlichen Populationsgrößen weder schädlich noch lästig!

SCHABEN (BLATTODEA)

7 — Bernstein-Waldschabe
Wir sind hygienisch unbedenklich!

Liebe Leute, es wird Zeit, dass wir für uns, die Bernstein-Waldschaben, und unsere Schaben-Verwandten eine Lanze brechen. Nur weil wir ein paar Familienmitglieder haben, die sich danebenbenehmen, heißt das nicht gleich, dass ihr alle Schaben über einen Kamm scheren dürft. Schämt euch!

Ja, wir sind keine hübschen Schmetterlinge und auch keine süßen Marienkäfer, aber sind wir wirklich so abstoßend? Oder anders gefragt: Seid ihr wirklich so oberflächlich? Das Aussehen ist nicht alles! Wir sind in euren Augen eklig und abscheulich? Bitte schön! Aber macht euch wenigstens die Mühe, zwischen Nützling, Schädling und Lästling zu unterscheiden.

Wir sind keine Nützlinge? Auf den ersten Blick mag das stimmen, aber unsere liebe Natur weiß uns zu schätzen. Eine ganze Reihe Insekten und andere Tiere finden uns so lecker wie ihr Gummibärchen, Chips oder Cocktailkirschen. Wir schmecken phantastisch, gerade wir Bernstein-Schaben gelten unter Schabenfressern als Delikatesse.

Wir sind Schädlinge? Ganz gewiss nicht. Wir schaden niemandem. Es ist okay für uns, wenn ihr die schwarzen Schafe unserer Ordnung als Schädlinge bezeichnet. Sie wühlen in eurem Dreck, koten eure Behausungen voll und können unangenehme Krankheiten übertragen. Aber wir? Nein, wir machen nicht einen auf ungebetener Gast. Und wenn wir uns doch mal in eure Wohnungen verirren, dann ist das unabsichtlich. Wir versuchen schnellstmöglich das Weite zu suchen, denn andernfalls verenden wir. Schließlich finden wir bei euch zu Hause nichts zu fressen.

Also sind wir Lästlinge? Auch das stimmt nicht. Wir belästigen niemanden. Wir leben ein tolerantes Leben. Wir machen unser Ding, alles andere ist uns auf gut Deutsch scheißegal. Also, lasst mal die Kirche im Dorf und betrachtet uns als das, was wir tatsächlich sind: Mitglieder der großen Insektenfamilie, die euch in ihrer Gesamtheit täglich den Allerwertesten rettet.

Art Gattung Familie Ectobius vittiventris, Ectobius, Ectobiidae | **Verbreitung** Mittel- und Südeuropa | **Größe** 9–14 Millimeter Länge | **Habitat** Freiland, Gebüsche | **Vorkommen** Mai–Okt. | **Ernährung** Larve, Imago: sich zersetzendes Pflanzenmaterial | **Hinter die Ohren schreiben** Ihr müsst unbedingt toleranter gegenüber uns Schaben und im Allgemeinen gegenüber uns Insekten werden! Fangt an, uns zu mögen!

HAUTFLÜGLER (HYMENOPTERA)

8 Blaue Holzbiene
Erfolgreich immigrieren

Die Blaue Holzbiene bevorzugt es wild und hält sich nur dort auf, wo Natur noch Natur ist. Mit piekfeinen Muster-Gärten aus dem Katalog hat sie nicht viel am Hut. Eigentlich mag sie es warm und sonnig, und so ist die Blaue Holzbiene bei uns recht neu. Das Klima wird ja seit geraumer Zeit bekanntermaßen wärmer.

Mitteleuropaweit ist sie die größte Bienenart. Mit einer Hummel kann man sie nicht verwechseln, zu bienenhaft kommt sie daher. Und auch ihre dunkle schwarz-blaue Färbung hat mit dem üblichen Hummelbild nichts zu tun. Aber ihr Körper, robust, voluminös und recht pelzig, gibt ihr einen leichten Hummelschlag.

Mit dem schwarzen Pelz und den blau-violett schimmernden Flügeln gehört die Blaue Holzbiene, die auch Violettflügelige Holzbiene genannt wird, zu den auffälligsten Bienenarten in unseren Breitengraden. Und sie ist ein ganz schöner Brummer. Nicht nur in ihrem Erscheinungsbild, sondern auch akustisch. Erlebt man sie in Aktion, möchte man fast meinen, sie brumme grimmig und beinah gefährlich.

Aber da irrt und verirrt man sich in den falschen Gehirnwindungen. Die Blaue Holzbiene ist ein harmloses und friedliches Exemplar. Einen Stachel hat sie natürlich trotzdem.

Erstmalig wurde sie in Süddeutschland in den sechziger Jahren beobachtet. Damals war sie noch rar, die Temperaturen generell zu kalt. Heute, über 50 Jahre später, hat sie sich in Süddeutschland gut akklimatisiert. Und ist ebenso in den östlichen wie nördlichen Bundesländern anzutreffen. Doch egal wo, sie wird mit ausgebreiteten Armen in Empfang genommen. Die Blaue Holzbiene ist unter Bienen- und Naturfreunden ein äußerst beliebter Einwanderer. Sogar Bienenhotels mit viel Totholz stellen sich Kleingärtner in ihre Natur-Oasen, um diesem Südländer ein heimeliges Zuhause anbieten zu können. Die Blaue Holzbiene ist eine Vorzeige-Immigrantin, die nun auch bei uns bestäubt.

Art Gattung Familie Xylocopa violacea, Holzbienen, Echte Bienen | **Verbreitung** Mittel- und Südeuropa | **Größe** 23–29 Millimeter Länge, 45–50 Millimeter Flügelspannweite | **Habitat** Wiesen, Wildgärten, Totholz, Ziegelsteinwände | **Vorkommen** April–Aug. | **Ernährung** Larve, Imago: Nektar, Pollen | **Hinter die Ohren schreiben** Albert Einstein soll gesagt haben: »Wenn die Biene einmal von der Erde verschwindet, hat der Mensch nur noch vier Jahre zu leben. Keine Bienen mehr, keine Bestäubung mehr, keine Pflanzen mehr, keine Tiere mehr, keine Menschen mehr.«

9 Blauflügelige Ödlandschrecke
Öde ist nur die Landschaft

Eine auf einem Stein sitzende Blauflügelige Ödlandschrecke inmitten einer kargen Landschaft erregt in ihrem graubraun marmorierten Kostüm nur wenig Aufmerksamkeit. Wer nicht genau hinsieht, der bemerkt sie nicht, hält sie für einen Teil des Bodens oder ein Pflanzenteil. Wenn sie aber plötzlich mir nichts dir nichts von einem Stein auf den anderen springt, ist das ein Satz, der gut und gern bis zu zehn Meter lang sein kann und entsprechend einen flugähnlichen Charakter hat. Im richtigen Moment eingefangen, erkennt man ihre gespreizten, blau-transparenten Flügel, ein kleines, faszinierendes Naturkunstwerk.

So ein Sprung ist nicht immer gleichbedeutend mit einem Fluchtreflex, wie es bei Springschrecken der Normalfall ist. Die Blauflügelige Ödlandschrecke verlässt sich bei drohender Gefahr in der Regel weitestgehend auf ihre Tarnfärbung, die dem Untergrund ihres Habitats angepasst ist: öd! In der Regel funktioniert das wunderbar.

Auch in ihrem Balzverhalten unterscheidet sie sich von den meisten anderen Schreckenarten: Sie macht keinen Lärm. – Wie, kein Trillern? Kein Zirpen? Ja, das gibt es. Anstatt während der Balz einen Werbegesang von sich zu geben und mittels fein komponierter Symphonien eine Herzensdame gewinnen zu wollen, nimmt das Blauflügelige Ödlandschrecken-Männchen seine sechs Beinchen in die Hand und sondiert aktiv die Umgebung, um eine paarungswillige Dame zu betören. Das funktioniert ausgezeichnet.

Die Blauflügelige Ödlandschrecke ist in allen Belangen auffallend unauffällig und unauffällig auffallend zugleich. Am Boden unsichtbar, in der Luft hellblau leuchtend. Letzteres aber nur kurz! Denn bereits während des Sprungs klappt sie die farbigen Hinterflügel wieder ein und führt so Fressfeinde und Beobachter gleichermaßen an der Nase herum.

Art Gattung Familie Oedipoda caerulescens, Oedipoda, Feldheuschrecken | Verbreitung Europa, Nordafrika, Mittelasien | Größe 13–29 Millimeter Länge, 35–75 Millimeter Flügelspannweite | Habitat trockene, vegetationsarme Biotope | Vorkommen Juli–Okt. | Ernährung Larve, Imago: kleine Pflanzen, unregelmäßig Aas | Hinter die Ohren schreiben Heuschrecken sind als Nahrungsquelle für viele Vogelarten von großer Bedeutung für die erfolgreiche Aufzucht der Küken und Jungvögel!

LIBELLEN (ODONATA)

10 — Blauflügel-Prachtlibelle
Morgenstund hat Blau im Mund

Die Blauflügel-Prachtlibelle-Männchen sind Frühaufsteher, die dem Sonnenaufgang frohlockend entgegenfliegen. Wenn unsereins halb schlafend die frischen Sonntagsbrötchen beim Bäcker um die Ecke holt (oder in das Tiefkühlfach nach den Aufbackbrötchen greift), ist das Blauflügel-Prachtlibellen-Männchen längst auf einem Späh-Flirt-Kombinationsflug in seinem metallisch dunkelblauen bis blaugrünen Flügeladergewand unterwegs. Von frühmorgens an verteidigen sie ihr Revier gegen artgleiche und -ähnliche Rivalen und machen die nötigen raffinierten Faxen, um die Aufmerksamkeit der Fräuleins zu gewinnen.

Die Bestände der Blauflügel-Prachtlibelle sind in den letzten Jahrzehnten zurückgegangen. Zurückzuführen ist das vor allem auf die kontinuierliche Gewässerverschmutzung. Die Prachtlibelle ist ein anspruchsvolles und stenopotentes Insekt.

Stimmt die Gewässerqualität nicht, kann sie sich nicht vermehren, ergo stirbt sie aus. Neben der Gebänderten Prachtlibelle ist die Blauflügel-Prachtlibelle die einzige Vertreterin der Prachtlibellen in Mitteleuropa.

Sie sind noch bei »stenopotent« hängen geblieben? Nein, mit der Zeugungsfähigkeit hat das reichlich wenig zu tun. Stenopotente Arten reagieren sensibel auf die Veränderung von Umweltfaktoren, sprich sie weisen einen geringen Toleranzbereich auf. Unterliegen die Umweltfaktoren in ihrem natürlichen Habitat großen Schwankungen, wird es recht schnell recht still um die entsprechende Art.

Alle vier Flügel der Blauflügel-Prachtlibelle sind gleich geformt und werden beim Sitzen über dem Körper zusammengefaltet. Das ist nicht nur praktisch, sondern sieht auch noch gut aus. Schönheitswettbewerbe gibt es im Insektenreich nicht, aber unsereins fühlt sich von Schönheit in der Regel angezogen. Libellen gelten als eine der schönsten Insektenarten, und die Blauflügel-Prachtlibelle landet stets ganz vorne.

Art Gattung Familie Calopteryx virgo, Calopteryx, Prachtlibellen | **Verbreitung** Europa | **Größe** 45–50 Millimeter Länge, 65–70 Millimeter Flügelspannweite | **Habitat** Bachläufe, Fließgewässer, Moorgräben | **Vorkommen** Mai–Sept. | **Ernährung** Larve, Imago: Mücken, Fliegen und andere kleine Insekten | **Hinter die Ohren schreiben** Libellen halten auf natürliche Weise Mückenpopulationen und andere Kleininsekten in Schacht!

LIBELLEN (ODONATA)

11 — Blutrote Heidelibelle
Aus Gelb wird Rot!

Heidelibellen-Jungtiere beiderlei Geschlechts weisen ausnahmslos eine leuchtend gelbe Färbung auf, die sich erst am Ende der Reifezeit in das charakteristische Farbkleid der jeweiligen Art verändert. Die Blutrote Heidelibelle ist hierbei keine Ausnahme. Das auffallend kräftige Rot entfaltet sich jedoch nur bei den Männchen. Die Weibchen erscheinen bräunlich-gelbrot mit schwarzer Zeichnung. Eine Besonderheit bilden betagte weibliche Exemplare, die sich nicht selten auf ihre letzten Tage rot färben.

Auch wenn die Ähnlichkeit mit anderen Heidelibellen-Arten, wie zum Beispiel der Frühen oder der Gemeinen Heidelibelle, groß ist, dürfte es oft die Blutrote Heidelibelle sein, die man zu Gesicht bekommt. Sie stellt wenig Ansprüche an ihre Umgebung und hat ein entsprechend vielseitiges Habitats-Spektrum.

Sie ist vor allem an kleinen stehenden Gewässern unterschiedlichster Art anzutreffen, aber auch an langsam fließenden Gewässern und strömungsberuhigten Uferzonen von Bächen, Kanälen und Flüssen. Eine ausreichende Besonnung vorausgesetzt, braucht sie lediglich eine niedere Ufervegetation mit Binsenwuchs. Die Blutroteheidelibelle gilt als eine der häufigsten Heidelibellen-Arten Mitteleuropas.

Wie bei allen Libellen erfolgen auch bei der Blutroten Heidelibelle alle wichtigen Verhaltensweisen im Flug. Paarung und Eiablage ebenso wie die Beuteergreifung, der ein Ansitzen auf kleinen Zweigen oder auf dem Boden vorausgeht. Libellen besitzen eine ausgeprägte Agilität, ausgezeichnete Flugfähigkeiten und eine starke Widerstandsfähigkeit. Sie sind die perfekten Flugjäger!

Die Blutrote Heidelibelle mag und braucht es sonnig. Sie tankt sich mit der Energie der Sonne auf. Ihre Tankstellen sind exponierte Sitzwarten mit guter Aussicht. Dort hockt sie minutenlang, bis sie zu einem neuen energieraubenden, rasanten Beuteflug ansetzt, den sie dutzende Male täglich vollführt.

Art Gattung Familie Sympetrum sanguineum, Heidelibellen, Segellibellen | **Verbreitung** Mitteleuropa | **Größe** 32–38 Millimeter Länge, 50–60 Millimeter Flügelspannweite | **Habitat** Gartenteiche, Tümpel, Weiher, Kiesgruben | **Vorkommen** Juni–Nov. | **Ernährung** Larve, Imago: Mücken, Fliegen und andere kleine Insekten | **Hinter die Ohren schreiben** Libellen sind Flugkünstler, die ohne externen Impuls abheben können, und existenzielle Lebewesen in ihren Ökosystemen!

HEUSCHRECKEN (ORTHOPTERA)

12 Bunter Grashüpfer
Der absolute Wecker-Sound

Als Kinder haben wir uns einerseits vor dem Grashüpfer, diesem meist grünen »Alien-Monster«, gefürchtet und andererseits mit ihm gespielt. Lustig wurde es immer dann, wenn es jemanden gab, der Angst vor diesen »Grünlingen« hatte. Dann wurde ein Grashüpfer gefangen – oft ein langwieriger Prozess, aber allein das war schon ein Heidenspaß – und mit ihm Jagd auf den Angsthasen gemacht. Es kam nicht selten vor, dass in der geschlossenen Hand nichts weiter war als Luft, da wir es nicht geschafft hatten, einen Grashüpfer zu erwischen. Die Jagd mit einem fingierten Droh-Exemplar machte aber mindestens genauso viel Spaß.

Der Bunte Grashüpfer ist in der Regel grün, zumindest was den Rücken angeht. Seitlich ist er oft braun bis rötlich. Doch er kann auch bunter: Es gibt ihn außerdem in Braun-, Rot- und Gelbtönen zu bestaunen.

Eine Farbvielfalt, die dazu führt, dass man vor allem die Weibchen mit anderen Grashüpfer-Arten, wie zum Beispiel dem Heidegrashüpfer (kontrastreiche Färbung, manche Tiere lilablau), verwechselt. In Europa und Asien ist der Bunte Grashüpfer weit verbreitet und tritt häufig auf. In höheren Lagen ist er zuweilen sogar die häufigste Heuschreckenart.

Grashüpfer haben in der Regel kurze Fühler, so auch der Bunte Grashüpfer. Ein Merkmal, das gegenüber anderen Heuschreckenarten heraussticht, da viele Fühler besitzen, die sogar die eigene Körperlänge übertreffen. Ebenso haben Grashüpfer meist kurze Flügel, so auch der Bunte Grashüpfer. Deswegen sind sie im Vergleich zu anderen Heuschreckenarten schlechte Flieger.

Das ändert sich jedoch, wenn der Grashüpfer in eine Wanderphase übergeht. Eine solche Wanderphase kann durch Stress ausgelöst werden, zum Beispiel, wenn es zu eng im Habitat zugeht, sprich zu viele Tiere auf einem Flecken leben. In so einer Situation wachsen die Flügel des Grashüpfers, sodass Fliegen möglich ist.

Art Gattung Familie Omocestus viridulus, Omocestus, Feldheuschrecken | **Verbreitung** Europa, Asien | **Größe** 10–25 Millimeter Länge, 20–35 Millimeter Flügelspannweite | **Habitat** Krautschicht von Waldwiesen, Mooren, Weiden | **Vorkommen** Juni–Sept. | **Ernährung** Pflanzenfresser | **Hinter die Ohren schreiben** Heuschrecken sind als Nahrungsquelle von großer Bedeutung für die erfolgreiche Aufzucht vieler Küken und Jungvögel!

13 — Chans Megastab
Kein Zauberstab, sondern ein tropisches Stabinsekt

Das längste bekannte Insekt der Welt findet sich in der Ordnung der Gespenstschrecken, die auch Phasmiden oder Stabschrecken genannt werden. Gespenstschrecken sind abgesehen von wenigen Ausnahmen überdurchschnittlich groß, zumindest für Insekten. Aber Chans Megastab bricht, ebenso wie die kurze Zeit später entdeckte Phryganistria chinensis, alle Rekorde. Chans Megastab galt mit seinen gut 57 Zentimeter Länge seit 2008 als längstes Insekt der Welt. Acht Jahre später wurde sie von Phryganistria chinensis mit knapp 63 Zentimeter Länge abgelöst.

Die Mehrzahl der Gespenstschrecken erinnert mit ihren skurrilen Körperformen generell an Pflanzenteile, oft an Äste, Zweige und andere holzige Baumteile. So auch Chans Megastab. Wenn man nicht genau hinsieht und nicht bewusst nach ihr Ausschau hält, hält man sie für einen langen braunen Zweig oder einen kräftigen Bambusstab. Vor allem in ihrer natürlichen Umgebung ist es schwer, diese Gespenstschrecke ausfindig zu machen.

Das Imitieren der Umgebung dient der Tarnung und dem Schutz vor Fressfeinden. Ein probates Mittel im Insektenreich, das auch bei vielen anderen Ordnungen vorkommt. Chans Megastab und die überwiegende Mehrheit der Vertreter der Gespenstschrecken haben diese Art der Tarnung perfektioniert. Sie sind einzigartige Tarnungskünstler. Das geht sogar so weit, dass Stabschrecken nicht nur das Aussehen eines Pflanzenteils nachahmen, sondern auch seine natürlichen Bewegungen.

Ihre Verteidigungsstrategie Nummer eins ist es, herumzuhängen, einen auf Zweig oder Ast zu machen und mit dem Wind zu schaukeln. Und das machen sie den ganzen lieben langen Tag. Denn Stabschrecken sind nachtaktive Insekten. Bei Tag heißt es also ausruhen, sich vor Fressfeinden verstecken beziehungsweise tarnen und die Bewegungsmuster der imitierten Pflanzenteile nachahmen. Funktioniert äußerst effektiv.

Art Gattung Familie Phobaeticus chani, Phobaeticus, Phasmatidae | **Verbreitung** Bundesstaat Sabah auf der malaysischen Insel Borneo | **Größe** 450–570 Millimeter Länge | **Habitat** Regenwald | **Vorkommen** ganzjährig | **Ernährung** Larve, Imago: Pflanzenfresser | **Hinter die Ohren schreiben** Gespenstschrecken stehen für die Artenvielfalt der Insekten!

14 Cochenilleschildlaus
Mein kleiner grüner Kaktus, hollari, hollari, hollaro

In meinem Gran-Canaria-Entdeckungsreiseführer »111 Orte auf Gran Canaria, die man gesehen haben muss« habe ich leider keinen Platz mehr für diesen Ort gefunden: die Kaktus-Cochenilleschildlaus-Farm. Dort gibt es Hunderte über Hunderte Kakteen (Opuntien) zu bestaunen, die so aussehen, als seien sie vernachlässigt, krank und »lausetot«. Was aber nicht der Fall ist. Die Kakteen sind lediglich von einer riesigen Cochenilleschildlaus-Armada besetzt. Und das ist so gewollt! Die weiblichen Cochenilleschildläuse produzieren einen wertvollen Stoff, und genau auf den hat man es abgesehen: Kaminsäure.

Was passiert, wenn Sie etwa 100.000 weibliche Cochenilleschildläuse mit Essig waschen, anschließend trocknen und sie dann in schwefelgesäuertem Wasser auskochen? Richtig, der Nachbar hält Sie für verrückt und zeigt Sie wegen Insektenquälerei an. Aber vorher passiert noch etwas anderes. Sie erhalten Karmin. Karmin ist der oxidationsbeständigste natürliche Farbstoff. Einer der führenden Karminproduzenten Europas sitzt auf Gran Canaria. Die Herstellung des aus den Cochenilleschildläusen gewonnenen Karmins hat Tradition auf den Kanaren.

Der rote Farbstoff kommt vielseitig zum Einsatz. In der Kosmetik bei Lippenstift, Rouge und Co., in der Lebensmittelindustrie bei alkoholischen Getränken, Fleisch-, Wurst- und Geflügelwaren, Backwaren und zahlreichen anderen Lebensmitteln, in der Pharmaindustrie bei Salben, Kapseln, Dragees und Filmtabletten.

Alles in allem ist Karmin heutzutage ein äußerst gefragtes Produkt, auch wenn der Farbstoff Auslöser von diversen Allergien sein kann.

Die Cochenilleschildlaus parasitiert ausschließlich Opuntien und ist ab dem zweiten Nymphenstadium sessil, sprich sie verlässt ihr gesamtes Leben nicht ein einziges Mal ihren kleinen grünen Kaktus (hollari, hollari, hollaro).

Art Gattung Familie Dactylopius coccus, Dactylopius, Dactylopiidae | **Verbreitung** Kanarische Inseln, Madagaskar, Mittel- und Südamerika, Südafrika | **Größe** 6–10 Millimeter Länge | **Habitat** Opuntien | **Vorkommen** ganzjährig | **Ernährung** Larve, Imago: Pflanzensaft von Opuntien | **Hinter die Ohren schreiben** Es gibt nur drei domestizierte Insekten, die Cochenilleschildlaus ist eins davon!

15 — Deutsche Schabe
Wenn eine stirbt, kommen Hunderte zur Beerdigung

Schon mal Bekanntschaft mit diesem kleinen süßen Ding gemacht? Ach, ist sie nicht putzig, so eine schmusi Küchenschabe, alias Kakerlake, mit ihren sanften Fühlern, herzzerreißenden Blicken und geschmeidigen Körperbewegungen? Knuddeln möchte man sie – all night long, all night, all night …

Kakerlaken lieben Scheiße! Und dabei spielt es keine Rolle, wer oder was den Haufen zu verantworten hat. Kakerlaken sind da nicht wählerisch. »Scheiße ist Scheiße«, lautet eine berühmte Schaben-Weisheit. Obwohl Kakerlaken blitzblanke (suchtkranke) Sauberkeitsfanatiker sind, die eigentlich einen Verhaltenstherapeuten aufsuchen müssten, ist ihr bevorzugter Lebensraum der Dreck, der Müll, die Kloake und all jene Orte, von denen wir gebührend Abstand nehmen.

Aber genau das hat einen großen Wert für uns Menschen. Genau genommen für Scharen von Wissenschaftlern, vor allem aus dem medizinischen Bereich. Die Resistenz der Schaben gegenüber Infektionen ist einmalig im Tierreich, und so helfen sie der Forschung beim Problem der Antibiotikaresistenz. Kakerlaken produzieren zahlreiche Moleküle, die als wirkungsvolle Antibiotika funktionieren.

Einmalig ist auch die Gangart der Kakerlake. Wie alle Insekten hat sie sechs Beine. Ist sie jedoch in Eile – weil sie vor uns flüchtet und um ihr Leben rennt, während wir sie gefühlskalt mit der Fußsohle zur Strecke bringen wollen –, dann berühren immer nur drei Beine den Boden. Der sogenannte Kakerlaken-Dreibein-Gang. Es gibt Schaben-Arten, die können das Fünfzigfache ihrer Körperlänge in einer Sekunde zurücklegen. Auf uns Menschen umgerechnet wären das 60 bis 80 Meter pro Sekunde. Macht etwa 5,5 Kilometer pro Stunde bei den Kakerlaken, bei uns Menschen wären es in etwa 330.

Aber ja, bei so viel Lob muss auch etwas Tadel sein: Die Deutsche Schabe hat verschiedenste Schadwirkungen auf Mensch und Tier.

Art Gattung Familie Blattella germanica, Blattella, Ectobiidae | **Verbreitung** weltweit; Kulturfolger | **Größe** 11–13 Millimeter Länge | **Habitat** menschliche Behausungen, insbesondere warme Räume, Küchenbetriebe, Kloake | **Vorkommen** ganzjährig | **Ernährung** Larve, Imago: Allesfresser | **Hinter die Ohren schreiben** Schaben inspirieren die Lauf-Art von Robotern und sind in der Medizin ein gefragtes Insekt!

SCHNABELKERFE (HEMIPTERA)

16 Deutscher Meerwasserläufer
Ein Ozean voller Insekten

Quizfrage für neunmalkluge Besserwisser: Welches Insekt hat die meisten Lebensräume auf der Erde erobert? Die Ameisen? Die Bienen? Die Käfer? Die Schmetterlinge? Die Libellen? Die Termiten? Die Schaben? Die Fliegen? Die Flöhe? Die Läuse? Die Zikaden? Die Heuschrecken? Die Ohrwürmer? Die Hummeln? Die Wespen? Die Grillen? Die Wanzen!

Wanzen findet man in nahezu allen Lebensräumen, sie sind weltweit vertreten. Und sie haben ein Habitat erobert, das man weder auf den ersten noch auf den zweiten Blick auf dem Schirm hat: das offene Meer. Wanzen, genauer gesagt Meerwasserläufer, die eine Gattung der Wanzen darstellen, sind die einzigen bekannten Insekten, die den Ozean erobert haben. Sie leben aber nicht im Wasser und können auch nicht schwimmen, nein, sie leben auf der Wasseroberfläche.

Kriegen die denn keinen Sonnenbrand? Die Frage lag Ihnen gleich auf der Zunge, nicht wahr? Nun, in der Tat, eine ebenso berechtigte wie hervorragende Frage. Und die Antwort lautet nein. Warum? Na, weil sie sich täglich mit Sonnencreme einschmieren! Stimmt so natürlich nicht, aber in der Tat produzieren sie eine körpereigene Substanz, die sie vor dem schädlichen Sonnenlicht schützt. Eine Substanz, die auch für unsereins von großem Wert wäre.

Neben dem Deutschen Meerwasserläufer gibt es noch vier weitere bekannte Arten, die im offenen Meer zu Hause sind. Ihre gesamte Lebenszeit, von der Larve bis zum Imago, verbringen sie auf der freien Meeresoberfläche. Und wo bitte schön legen die Tiere ihre Eier ab? Die Antwort ist gar nicht so kompliziert: auf Gegenständen, die im Wasser treiben. In Zeiten, in denen unsere Ozeane noch plastik- und müllfrei waren, legten sie ihre Eier auf Vogelfedern, Schneckenhäusern, Treibholz, Muschelschalen und dergleichen. Heutzutage kommt unser Müll dazu.

Art Gattung Familie Halobates germanus, Meerwasserläufer, Wasserläufer | **Verbreitung** weltweit | **Größe** 5–7 Millimeter Länge | **Habitat** offenes Meer | **Vorkommen** ganzjährig | **Ernährung** Larve, Imago: Fischlarven, Fischeier, Zooplankton, tote Quallen | **Hinter die Ohren schreiben** Wasserläufer sind Wanzen! Meereswasserläufer beanspruchen als einzige bekannte Insekten die freien Ozeane als Lebensraum!

HAUTFLÜGLER (HYMENOPTERA)

17 — Dicke-Po-Ameise
Pilze, Pilze und noch mehr Pilze

Die Dicke-Po-Ameise ist eine Blattschneiderameise, die in der Neotropis verbreitet ist. Dort ist sie zusammen mit ihren Artgenossinnen der bedeutendste Pflanzenfresser. Sogar wichtiger als jedes pflanzenfressende Wirbeltier. Und somit eine ökologische Schlüsselart. Die Dicke-Po-Ameise erntet in ihren Gefilden knapp 20 Prozent der Biomasse, auch abgestorbenes Pflanzenmaterial. Aber ebenso Kulturpflanzen, was ihr den Status eines landwirtschaftlichen Schadorganismus verpasst.

Der Ameisenstaat ist ein nahezu perfekter Superorganismus und darf ohne Wimpernzucken zu den sieben Weltwundern des Tierreichs gezählt werden. Die Blattschneiderameisen führen ein hochkomplexes, arbeitsteiliges Leben und gehen dabei höchst energieeffizient vor. Sie wählen bevorzugt möglichst kleine und vorperforierte Blattstücke aus, tragen diese in den Bau, wo jüngere Mitglieder mit unbeschädigten Kiefern 90 Prozent der Blattschneidearbeit vollbringen.

Die Blätter und anderen Pflanzenteile werden wider Erwarten nicht gegessen, sondern als Werkstoff beziehungsweise Nährboden genutzt. Und zwar für Pilzkulturen, deren Nahrungsgrundlage Pflanzen sind. Die Dicke-Po-Ameise ernährt sich überwiegend von den selbst gezüchteten Pilzen. Im Inneren der Nester befinden sich zahlreiche Pilzgärten, die minutiös gepflegt werden. Ameise und Pilz sind aufeinander angewiesen, ohne einander sind sie nicht lebensfähig. Die miteinander eingegangene Symbiose ist existenziell.

Letztlich genau wie die Symbiose, die der Mensch mit den Insekten eingegangen ist. Ohne Insekten sähe der Planet nämlich ziemlich leer und fad aus. Der Planet braucht die Insekten, und Ameisen gehören zu den ultimativen Top-Insekten. Wir Menschen brauchen sie ebenso wie die Dicke-Po-Ameise ihren Pilz, den Egerlingsschirmling, und vice versa. Ohne Insekten wäre unsere Existenz also nicht nur bedroht, sondern schlichtweg ausgeschlossen.

Art Gattung Familie Atta laevigata, Atta, Attini | **Verbreitung** Mittel- und Südamerika |
Größe 4–22 Millimeter Länge | **Habitat** tropische Regenwälder, Savannenlandschaften |
Vorkommen ganzjährig | **Ernährung** Larve, Imago: Pflanzen, selbst gezüchtete Pilzsporen |
Hinter die Ohren schreiben In Kolumbien wird die Dicke-Po-Ameise als essbares Hochzeitspräsent verschenkt. Sie gilt dort als Aphrodisiakum!

SPRINGSCHWÄNZE (COLLEMBOLA)

18_Dunkelbrauner Kugelspringer
Wo wir sind, ist der Boden gesund!

Wir kennen uns bestens mit Humus aus. Humus mit einem »m«! Mit dem Hummus aus dem arabischen Raum haben wir nichts zu tun. Oder besser gesagt nichts an der Gabel (aber dazu später mehr). Unser Humus ist der Humus der Erde. In korrektem Wikipedia-Deutsch: die Gesamtheit der fein zersetzten organischen Substanz eines Bodens. Boah, ist das kleinkariert ausgedrückt. Diese Wikipedianer und ihr Wikipianesisch! Humus ist schlichtweg ein Teil des Bodens. Und zwar die oberste Schicht. Punkt!

Und diesen Boden stellen wir her! Cool, oder? Na ja, nicht allein, und herstellen ist nicht ganz das richtige Wort, aber ohne uns wäre der Humus nicht Humus. Humus ist nämlich nicht gleich Humus. Ist doch beim Hummus genauso, oder? Ein wahrer Humus ohne uns Kugelspringer? Pah! Das wäre nur eine billige Fälschung!

Ihr habt uns hammermäßige Kugelspringer in die Insekten-Ordnung der Springschwänze eingeordnet. Könnt ihr machen, aber einen Schwanz haben wir trotzdem nicht. Wenn uns was nicht passt oder wir uns mal schleunigst vom Acker machen müssen, springen wir mit einem großen Satz auf und davon. Unser Katapult ist dabei unsere SpringGABEL. Zack, wieder was gelernt!

Zum Schluss wollen wir den beiden Möchtegern-Insektenexperten Holger und Rolando Grumt Suárez danken. Als sie uns kontaktierten, um über uns zu schreiben – wir retten schließlich täglich die Erde –, haben wir eine Bedingung gestellt: Wir schreiben unseren Text selbst! Sie willigten ein. Fanden wir cool. Lässige Typen. Aber ein bisschen fad fanden wir sie schon. Haben uns gesiezt und trugen Hemd und Krawatte. Macht euch mal locker Jungs, take it easy!

Eine letzte Sache in eigener Sache, damit die Sache klar bleibt: Wir wurden zum Insekt des Jahres 2016 gewählt! Hammer! Wir haben also total den Fame! Lässig!

Art Gattung Familie Allacma fusca, Allacma, Sminthuridae | **Verbreitung** Europa, Asien, Nordamerika | **Größe** 2–4 Millimeter Länge | **Habitat** bodenfeuchte Wälder, vegetationsreiche Feuchtwiesen | **Vorkommen** April–Okt. | **Ernährung** Larve, Imago: pflanzliche und tierische Zerfallsstoffe, Algen von Baumstämmen | **Hinter die Ohren schreiben** Kugelspringer halten unsere Böden gesund!

HAUTFLÜGLER (HYMENOPTERA)

19 Dunkle Erdhummel
Ein nicht wählerischer Ubiquist

An einem wunderschönen Sommermorgen am Fuße eines prächtigen Baches in der Nähe eines pompösen Schlosses machte es sich eine kugelrunde Kuckuckshummel in einem Erdhummelnest bequem. Sie verhielt sich ganz unauffällig und nahm den Geruch der Erdhummeln an. Anschließend suchte sie die Erdhummelkönigin auf und lieferte sich mit ihr einen Kampf auf Leben und Tod. Den sie souverän gewann. Nach einem kurzen regenerierenden Nickerchen ließ sie sich wie eine Königin bewirten und schlug sich den Bauch voll.

Eine Erdhummel hat es nicht leicht, aber leicht hat sie eine. Wenn eine parasitäre Keusche Schmarotzerhummel vorbeischneit, sieht es schlecht aus, zumindest für die Erdhummel-Königin. Die Kuckuckshummel gewinnt meist den Kampf und legt dann fleißig Eier, die von den Arbeiterinnen des Erdhummelvolkes versorgt werden.

Die Dunkle Erdhummel ist ein Hemerophile, sprich ein Kulturfolger, und ein Ubiquist, sprich eine in den unterschiedlichsten Biotopen lebende Art. Und sie gehört zu den Top-Bestäuber-Insekten. Sammelhummeln arbeiten täglich unermüdlich von Sonnenauf- bis Sonnenuntergang. Zwischen sechs und zwölf Sammelflüge schafft eine einzelne Erdhummel pro Tag und bestäubt zwischen 2.000 und 4.000 Blüten, seien es Tomaten- oder Paprikablüten im Gewächshaus oder Gurken-, Kirsch- und Apfelblüten in der freien Natur. Jährlich werden in Hummelvermehrungsbetrieben Hunderttausende Erdhummelvölker gezüchtet und in alle Welt verschickt. Ohne Hummeln würden wir ganz schön mager aus der Wäsche gucken.

Insgesamt konnten bisher Blütenbesuche von Erdhummeln bei mehr als 250 verschiedenen Wildpflanzenarten beobachtet werden. Bei Kulturpflanzen liegt die Zahl bei über 20. Sogar Blüteneinbrüche konnten festgestellt werden. Dabei beißen sie ein Loch in den Blütensporn, durch das sie den Nektar aufsaugen können, was sonst durch die Öffnung der Krone gelingt.

Art Gattung Familie Bombus terrestris, Hummeln, Echte Bienen | **Verbreitung** Europa | **Größe** 11–23 Millimeter Länge, 22–43 Millimeter Flügelspannweite | **Habitat** Ubiquist | **Vorkommen** März–Okt. | **Ernährung** Larve, Imago: Nektar, Pollen | **Hinter die Ohren schreiben** Durch die Bestäubung von Nahrungs-, Arznei-, Gewürz- und vielen weiteren Nutzpflanzen leisten Hummeln einen enormen Beitrag zum Erhalt der biologischen Vielfalt!

SCHMETTERLINGE (LEPIDOPTERA)

20 __ Esparsetten-Widderchen
Die Nacht ist zum Kuscheln da

Das Muster der Vorderflügel mit fünf oder sechs roten Flecken, die manchmal weißgelb umrandet sind, hat dem Esparsetten-Widderchen den Zusatznamen »Blutströpfchenfalter« eingebracht. Als läge hoch oben im (N)Irgendwo eine Leiche, von der Blut heruntertropft, und der tagaktive Nachtfalter hätte im Vorbeiflug ein paar Tropfen abbekommen. Ob es Mord war? Und ob es Mord war! Der Täter? Auf der Flucht!

Blausäure, Azetylcholin und Histamin. Nein, nicht der Giftcocktail, den das Opfer zu sich nahm, sondern Inhaltsstoffe des Gewebes des Esparsetten-Widderchens und seiner Raupen. Also lieber Finger weg von den Blutströpfchenfaltern, weder als Suppe noch als glasierte Nachspeise zu empfehlen. Wenn Sie unbedingt eine Insektensuppe probieren wollen, empfehlen wir Ihnen eine Feldmaikäfersuppe (siehe Insekt 26). Finger weg gilt auch für die potenziellen Fressfeinde, ein Esparsetten-Widderchen ist eine ungenießbare Mahlzeit. Die Blutstropfen sprechen eine klare Sprache, sind als Warnung zu verstehen: Wir schmecken nicht, fresst andere Insekten!

Kurios ist die Nachtruhe des Esparsetten-Widderchens. Gruppenkuscheln ist angesagt. Und zwar eingeschlechtlich. In einer abendlichen »Parkstation« versammeln sich entweder nur männliche oder nur weibliche Esparsetten-Widderchen auf bestimmten Blüten oder dürren Halmen. Ähnliche Blüten oder Halme in unmittelbarer Nähe bleiben dabei unbesetzt. Sie mögen es gern eng und kuschelig.

Esparsetten-Widderchen-Raupen vertilgen liebend gern Esparsetten, eine multitalentierte Futterpflanze, die als »Gesundheu« bezeichnet wird. Sie ist ein hochwertiges Kraft- und Raufutter, das auch von Pferden hochgeschätzt wird. Die Imagines hingegen gönnen sich lieber Blütennektar verschiedener Blumen. Vor allem Skabiose und Flockenblumen haben es ihnen angetan, was das Esparsetten-Widderchen zu einem Top-Bestäuber dieser Pflanzenarten macht.

Art Gattung Familie Zygaena carniolica, Zygaena, Widderchen | **Verbreitung** Mittel- und Südeuropa, Kleinasien | **Größe** 30–35 Millimeter Länge, 25–40 Millimeter Flügelspannweite | **Habitat** Magerrasen, Waldränder | **Vorkommen** Juni–Aug. | **Ernährung** Raupe: Schmetterlingsblütler; Imago: Nektar | **Hinter die Ohren schreiben** Schmetterlinge stehen für Freiheit und Kreativität und gelten gemeinhin als bunt, schön und faszinierend!

GOTTESANBETERINNEN (MANTODEA)

21 Europäische Gottesanbeterin
Sie hat danach einfach Hunger!

Die kleine Lisa stiefelte mit Schokoladeneier-Schnauzer an einem Osterhasen-Sonntag frohgemut Hand in Hand mit Opa Gerd und Oma Lotte durch die prächtigen Weinberge der Winzerfamilie Arschibald von Hausen zu Terz, als ihr ein giftgrünes Tierchen mit dünnen, langen Antennen, stelzigen Beinen und krebsartigen Mandibeln auffiel. Alle drei blieben stehen, als wurzelten ihre Füße, und beobachteten, wie dieses seltsam anmutende Tierchen sich blitzschnell eine Biene krallte und sie anschließend von Kopf bis Fuß – genau in der Reihenfolge – bei lebendigem Leibe verspeiste. Grausam und faszinierend zugleich.

Die Europäische Gottesanbeterin ist eine geheimnisvolle Fangschrecke und die einzige bekannte Vertreterin dieser Ordnung in Deutschland. Es gibt weltweit knapp 2.500 bekannte Arten, die überwiegend in tropischen und subtropischen Gefilden leben. Fangschrecken gehören zu den ältesten Lebewesen der Welt. Bereits vor 340 Millionen Jahren bevölkerten sie verschiedene Landschaften. Sie sind Lauerjäger, die stundenlang auf ihre Beute und den richtigen Moment warten. Einmal in den Fängen einer Gottesanbeterin, hat die Beute keinerlei Möglichkeit, mit dem Leben davonzukommen. Gottesanbeterinnen sind perfekte Jägerinnen. Die Abstimmung zwischen Tarnung, Facettenaugen und Fangapparat ist einmalig.

In Bedrängnis spreizen Fangschrecken ihre Flügel aus, sodass sie größer wirken, um ihre Feinde abzuschrecken. Vor allem bei großen Exemplaren sieht das mitunter sehr kurios aus. Eine Mischung aus Bruce Lee, Shrek und Star Trek. Und so kommt es auch, dass Gottesanbeterinnen gern mal als kleine »Außerirdische« bezeichnet werden.

Ist die Gottesanbeterin nach einer amourösen Zweisamkeit hungrig, so geht sie ihrem männlichen Pendant an den Kragen. Schwuppdiwupp frisst sie ihn bei lebendigem Leibe komplett auf.

Art Gattung Familie Mantis religiosa, Mantis, Mantidae | **Verbreitung** Mittel- und Südeuropa, Asien, Afrika, Nordamerika, Australien | **Größe** 60–75 Millimeter Länge, 65–80 Millimeter Flügelspannweite | **Habitat** Wald, Wiese | **Vorkommen** Juli–Okt. | **Ernährung** Larve, Imago: Insekten, Spinnentiere | **Hinter die Ohren schreiben** Fangschrecken sehen nicht nur spektakulär aus und sind erstklassige Botschafter der phantasievollen Evolution der Natur, sondern sind auch natürliche Regulatoren in ihren Ökosystemen!

22 — Europäische Hornisse
Zu Unrecht einen schlechten Ruf!

In einer frontalen Makroaufnahme kann man zwei Eindrücke von einer Hornisse gewinnen, die grundverschieden sind. Der erste wäre so etwas wie süß und lieb, der zweite geht in Richtung bösartig und feindlich. Ähnlich wie Wespen genießen Hornissen einen äußerst schlechten Ruf. Sie gelten gemeinhin als gefährlich, und ein Hornissenstich wird auch schon mal als tödlich hingestellt. Stimmt alles so natürlich nicht.

Die Europäische Hornisse ist ein äußerst friedfertiges Insekt. Sie ist weder ein Lästling noch ein Schädling, und auch kein Krankheitsüberträger. Sie greift nie grundlos den Menschen an, und wenn sie sticht, dann tut sie das ausschließlich im Sinne der Selbstverteidigung, weil sie sich (lebens)bedroht fühlt. Sie verteidigt zum Beispiel ihr Nest gegen Zerstörung, und da tritt sie durchaus rabiat auf. Abstand halten und nicht provozieren, viel mehr ist nicht nötig, um sie friedfertig zu erleben. Wenn man in der Gartenlaube oder sonst wo ein Hornissennest hat und es aus Sicherheitsgründen entfernen möchte, lässt man selbst lieber die Finger davon. Hierzulande stehen Hornissen unter Artenschutz. Nur ein ausgewiesener Fachmann mit Sondergenehmigung darf sich Hornissennestern annehmen.

Das Gift der Europäischen Hornisse ist im Vergleich zu anderen Faltenwespen weniger toxisch. Was nicht heißt, dass ein Stich nicht wehtut. Er tut es. Der Stachel ist etwa sechs Millimeter lang, und das Gift enthält Acetylcholin. Sie werden es auf alle Fälle spüren. Und dennoch liegt die mittlere letale Dosis bei einem LD50-Wert von zehn bis 90 Milligramm pro Kilogramm – und damit weit unter dem der Honigbiene.

Hornissen verfüttern jegliche Art Schädlingsinsekten an ihren Nachwuchs und sind somit ein großer natürlicher Schädlingsbekämpfer. Außerdem bestäuben sie täglich unzählige Blüten, was sie zu einem der Top-Bestäuber-Insekten macht. Alles in allem: Geben Sie Hornissen eine Chance!

Art Gattung Familie Vespa crabro, Hornissen, Faltenwespen | **Verbreitung** Mitteleuropa | **Größe** 28–40 Millimeter Länge, 40–55 Millimeter Flügelspannweite | **Habitat** Wälder, Parkanlagen, Gärten | **Vorkommen** April–Okt. | **Ernährung** Larve, Imago: Baumsäfte, Nektar, Fallobst, Honigtau | **Hinter die Ohren schreiben** Faltenwespen sind wichtige Ökosystemdienstleister, die uns mit ihrer Bestäubungsarbeit und der Regulation von Insektenpopulationen einen guten Dienst erweisen!

HEUSCHRECKEN (ORTHOPTERA)

23 — Europäische Maulwurfsgrille
Der Chuck Norris unter den Grillen

Wer etwas über das Graben von Erdtunneln lernen möchte, der findet im Tierreich so einige Zwei-, Vier-, Sechs- und Multi-Beiner, die sich bestens damit auskennen. Die europäische Maulwurfsgrille wäre da ein geeigneter Kandidat. Sie gräbt Tunnel mit einer Länge und Tiefe von mehreren Metern inklusive Vor-, Futter- und Brutkammern. Ihre Gangsysteme sind von außen unsichtbare, ausgeklügelte Labyrinthe, in denen sie sich niemals verläuft. Jeder Gang ist minutiös geplant und führt keineswegs in eine Sackgasse.

Die Maulwurfsgrille ist außerdem ein ziemlich guter Flieger. Nicht zu vergleichen mit einer Biene oder einer Libelle, aber für eine Grille aller Ehren wert. Doch das ist nicht alles, was diese kleine Powergrille draufhat. Sie kann auch noch schwimmen! Und das nicht mal so schlecht. Um den Ärmelkanal zu überqueren, reicht es zwar nicht aus, aber für ein brausiges Plantschen in unseren heimischen Gewässern allemal. Graben, fliegen, schwimmen: Grillen-Triathlon!

Die Maulwurfsgrille erzeugt durch Stridulation wunderschöne »rrrrr«-Geräusche. Doch es ist nicht nur ihre Fähigkeit, großartige, wohlklingende Symphonien zu komponieren, die sie für uns Menschen interessant macht. Es ist das Sekret, das sie bildet, um Fressfeinde fernzuhalten, das unsere Begierde weckt. In fernen Ländern, fernab unserer westlichen Medizin, wird dieses Sekret Wund- und Heilsalben beigemischt. Es beinhaltet heilende Inhaltsstoffe.

Ansonsten genießt die Europäische Maulwurfsgrille einen ziemlich schlechten Ruf und ist in Gärten unerwünscht und gefürchtet. Sie frisst gern Pflanzenwurzeln, und das gefällt weder dem Gärtner noch dem Landwirt und auch sonst keinem. Die Europäische Maulwurfsgrille ist entsprechend unbeliebt und wird als Schädling klassifiziert und bekämpft. Sie ist gefährdet. Aber ein Chuck Norris ist nicht so leicht plattzukriegen.

Art Gattung Familie Gryllotalpa gryllotalpa, Gryllotalpa, Maulwurfsgrillen | **Verbreitung** Europa, Nordafrika, Westen Asiens | **Größe** 35–50 Millimeter Länge, 40–60 Millimeter Flügelspannweite | **Habitat** Wiesen am Rand von Gewässern, feuchte Weiden, Gärten | **Vorkommen** ganzjährig | **Ernährung** Larve, Imago: Insekten, Insektenlarven, Pflanzenwurzeln | **Hinter die Ohren schreiben** Viele Heuschreckenarten gelten als Bioindikatoren für artenreiche Lebensräume!

NETZFLÜGLER (NEUROPTERA)

24 Europäischer Bachhaft
Ein Flügelvirtuose, aber kein Fluggenie

»Bachhafte« ist eine Familie der Netzflügler. Ihr einziger bekannter Vertreter bei uns ist der Europäische Bachhaft. Seine Heimat sind naturbelassene, strukturreiche Fließgewässer mit intakter Aulandschaft und stark bewachsenem Ufer. Er kommt häufig vor, bevorzugt es aber, ungesehen zu bleiben, und so bekommt man ihn kaum zu Gesicht. Tagsüber sitzt er meist still und leise im Uferdickicht. Erst in der Dämmerung geht er auf Beutefang, fliegt aber weitestgehend unter dem Radar, sprich in Bodennähe, um möglichst Spinnennetze zu umgehen.

Die meisten Netzflügler sind mäßig gute Flieger, so auch der Europäische Bachhaft. Zwar haben sie in der Regel große Flügel, doch sind die eher hinderlich, da sie aerodynamisch nicht abgestimmt sind. Die Flügelspannweite des Europäischen Bachhaft erreicht bis zu 50 Millimeter. Außerdem sind die Flügel äußerst breit und haben die Form eines Kussmundes. Aerodynamisch alles andere als optimal.

Schön anzusehen sind sie trotzdem. Die feinadrigen Flügel sind beinahe durchsichtig und farblich meist dunkel von braun bis hin zu schwarz mit teils weißlichen und schwarzen Flecken mit einem insgesamt vielseitigen Muster. Mit dem auffällig orange-rot-braun gefärbten Rundkopf erinnert der Europäische Bachhaft an einen Handfederball mit unsichtbaren Federn.

Verschmutzte Gewässer werden vom Europäischen Bachhaft gemieden, denn in kontaminierten Habitaten kann er nicht überleben. Er braucht es wie so viele andere Insekten – und letztlich die allermeisten Lebewesen – sauber und naturbelassen.

Entsprechend gilt er als Indikator für eine intakte Gewässerqualität. Ist diese gegeben, tritt er in großer Anzahl auf, auch wenn er auf den ersten Blick nicht oft zu sehen ist. Vor allem in der Dämmerung kommt er aus dem Uferdickicht hervor und macht Jagd auf seine Beuteinsekten, wie zum Beispiel jegliche Arten der Eintagsfliegen.

Art Gattung Familie Osmylus fulvicephalus, Osmylus, Bachhafte | **Verbreitung** Europa | **Größe** 20–26 Millimeter Länge, 40–50 Millimeter Flügelspannweite | **Habitat** ufernahe, stark bewachsene Biotope strukturreicher Fließgewässer | **Vorkommen** Mai–Aug. | **Ernährung** Larve, Imago: kleine Uferinsekten | **Hinter die Ohren schreiben** Netzflügler kommen weltweit in nahezu allen Lebensräumen vor und sind in allen von ihnen besetzten Ökosystemen von großer Bedeutung für das Weiterbestehen und die Entwicklung dieser Systeme!

HEUSCHRECKEN (ORTHOPTERA)

25 — Feldgrille
Der schreckhafte Schrecken-Pavarotti

Keiner singt, zirpt oder striduliert so sagen- und heldenhaft wie die Feldgrille. Ein Meistersänger der besonderen Art. Weiche, melodiöse Werbegesänge, die sich in zarten Träumen zum Dahinschmelzen manifestieren, bekommt man nur von der Feldgrille auf die Ohren. Da müssen sich alle anderen Heuschreckenarten hinten anstellen. Die Feldgrille weiß sowohl mit einem gewöhnlichen Gesang als auch mit ihrem Lockgesang, ihrem Rivalengesang und mit ihrem Werbegesang zu brillieren.

Der Trick des Schrecken-Gesangs: Die Kurzfühlerschrecken reiben die Beine im Geigen-Prinzip am Flügel, von dem eine Ader, die Schrillader, hervorsteht. Es entstehen Schnarr- und Zick-Töne. Die Langfühlerschrecken, zu der auch die Feldgrille gehört, macht es ein bisschen anders: Sie reibt ihre Flügel aneinander. Entsprechend klingt der Ton satter. Grund dafür ist vor allem der Hohlraum zwischen ihren Flügeln, der als Klangkörper fungiert.

Wie bei vielen anderen Insekten auch kann nur die männliche Feldgrille Laute von sich geben. Der weiblichen Feldgrille fehlen die körperlichen Voraussetzungen. Die Gesangs-Aktivität der Männchen hängt hauptsächlich von der Außentemperatur ab.

Je wärmer und heißer, desto aktiver. Und wenn sich ein Hitzegewitter ankündigt, dann stridulieren sie sich regelrecht die Schrillader aus den Flügeln. Ein sagenhaftes Symphonie-Orchester erster Güte ist die Folge.

Die Feldgrille ist allerdings ein miserabler Springer. Was für eine Heuschrecke untypisch ist. Heuschrecken sind schließlich im Weitsprung des Tierreichs ziemlich weit vorne anzusiedeln (siehe Insekt 75). Die Feldgrille macht aber für gewöhnlich lediglich kurze Hüpfer. Dafür gilt sie als äußerst agiler und flinker Läufer. Sie ist also nicht nur der Schrecken-Pavarotti, sondern auch der Schrecken-Parkour-Meister – egal welches Terrain, sie überwindet es mit Geschicklichkeit und Bravour.

Art Gattung Familie Gryllus campestris, Gryllus, Echte Grillen | **Verbreitung** Mittel- und Südeuropa, Westasien, Nordafrika | **Größe** 15–25 Millimeter Länge, 20–30 Millimeter Flügelspannweite | **Habitat** warme, trockene Plätze, Felder, Wiesen, Hänge, Heiden, Kiesgruben, lichte Wälder | **Vorkommen** Mai–Aug. | **Ernährung** Larve und Imago: Blätter, Wurzeln, kleine Bodentiere, Kadavar (Allesfresser) | **Hinter die Ohren schreiben** In arabischen Staaten und auch in Lateinamerika sind Heuschrecken wichtige Eiweißlieferanten!

KÄFER (COLEOPTERA)

26 _ Feldmaikäfer
Doch die Käfer, kritze, kratze!

50 Maikäfer, ein Liter Hühner- oder Gemüsebrühe, zwei Esslöffel Butter, zwei Esslöffel Mehl und Salz und Pfeffer zum Abschmecken. Und schon hat man im Nu seinen geladenen feinen Gästen eine deliziöse, gaumenverwöhnende Suppenvorspeise kredenzt, die sie mit großer Wahrscheinlichkeit noch nie gegessen haben und die lange in Erinnerung bleiben wird. Guten Appetit!

Maikäfersuppe? Wat, wer bist du denn? Glauben Sie uns nicht? Sollten Sie aber! Es ist noch gar nicht lange her, da galt eine Marienkäfersuppe als exquisite Leibspeise. Gourmetgasmisch! Sie haben Marienkäfersuppe gelesen? Steht ja auch so da! Gar nicht aufgefallen? Ist aber falsch! Denn es muss Maikäfersuppe heißen. Lassen Sie sich in einem Hipster-Gourmet-Tempel also ja keine Marienkäfer-Speise andrehen, denn dann bekommen Sie höchstens einen mit einem Marienkäfermotiv aus Schokoladenglasur verzierten Muffin zum Dessert.

Ein Marienkäfer hat mit einem Maikäfer wenig bis gar nichts gemein. Im Grunde genommen ist der Maikäfer der böse Stiefbruder vom Marienkäfer. Breitet sich der Maikäfer massenhaft aus, ist er eine Gefahr für Wald und Boden. Die Maikäfer-Engerlinge sind hungrige »Biester«, die sich am Pflanzenwurzelwerk zu schaffen machen. Reguliert wird die Maikäfer-Population in der Regel unter anderem von Vögeln. Für zahlreiche Vogelarten und andere Tiere ist der Maikäfer eine wichtige Nahrungsquelle.

Die berühmtesten Maikäfer sind sicherlich die von Max und Moritz (Wilhelm Busch). Im fünften Bubenstreich trifft es den Onkel Fritz. Die beiden Buben stecken ihm Maikäfer ins Bett – »Fort damit und in die Ecke, unter Onkel Fritzens Decke!« –, sodass der Onkel in der Nacht den blanken Horror durchmacht und letztlich alle Krabbeltiere mit dem Pantoffel erschlägt: »Onkel Fritz, in dieser Not, haut und trampelt alles tot.«

Dieses war das 26. Insekt, das nächste folgt sogleich mit Effekt.

Art Gattung Familie Melolontha melolontha, Maikäfer, Blatthornkäfer | **Verbreitung** Europa | **Größe** 20–35 Millimeter Länge, 30–45 Millimeter Flügelspannweite | **Habitat** offenes, unbewaldetes Terrain | **Vorkommen** Mai–Juli | **Ernährung** Larve: Pflanzenwurzeln; Imago: Laubbaumblätter | **Hinter die Ohren schreiben** Die Blatthornkäfer-Familie ist groß, sie umfasst in etwa 30.000 Arten! Es gibt Dungfresser, Pflanzenfresser und Blütenbestäuber! Die Blatthornkäfer bieten die ganze Palette, vom vermeintlichen Schädling über den Lästling bis hin zum Nützling!

27 _ Formosa-Termite
Ein Top-Verwerter von einem anderen Stern

An Termiten wird wahrlich kein gutes Haar gelassen. Sie sind weltweit gefürchtete Schadinsekten, die man mit allem bekämpft, was man zur Verfügung hat. Termiten bilden große Staatengemeinschaften und ernähren sich hauptsächlich von Holz. Dieses höhlen sie für gewöhnlich von innen aus, sodass im Falle von hölzernen Gebäuden ein Termitenbefall oft erst kurz vor dem Einsturz bemerkbar wird. Und dann ist es bekanntlich zu spät.

Termiten mögen aber auch ganz viele andere Sachen: Nutzpflanzen, Dung, Wolle, Leder, Kunststoff und vieles mehr. Sie sind Allesfresser! Und doch spielen sie eine enorm wichtige Rolle in ihren Ökosystemen. Sie lockern und bessern nährstoffarme Böden auf, indem sie Bodenstreu zerkleinern und die Erdpartikel miteinander vermischen. Im Biohaushalt kommt ihnen eine ähnliche Funktion wie den Regenwürmern zu.

Termitenhügel sind spektakuläre Bauwerke und allseits bekannt. Aber das wahrlich Spektakuläre ist der alles verdauende Darm der Tiere. Denn wenn ein Insekt ein Allesfresser ist, muss es auch einen entsprechenden Verdauungstrakt haben. Der Termitendarm sucht seinesgleichen. Es gibt kein anderes Tier auf der Welt, das diesem Darm nur annährend das Wasser reichen kann. Er funktioniert vom Prinzip her wie ein chemischer Reaktor. Er verwandelt zum Beispiel Holz in Essigsäure.

Gerade einmal einen Tausendstel Milliliter fasst der Termitenenddarm. Aber in ihm leben gut 10.000 Einzeller, genau genommen Flagellaten. Und in deren Innerem oder auf deren Oberfläche leben Millionen von Bakterien. Diese Dreier-Gemeinschaft bildet eine Art Super-Organismus, der es schafft, nahezu alles zu verdauen.

Die Formosa-Termite trägt den Spitznamen Super-Termite. Was aber eher im negativen Sinne gemeint ist und sich auf die zerstörenden Gewohnheiten der Staaten und deren endlosen Konsum an Holz bezieht. Also eher Super-Plage-Termite.

Art Gattung Familie Coptotermes formosanus, Coptotermes, Rhinotermitidae | **Verbreitung** weltweit | **Größe** 14–15 Millimeter Länge | **Habitat** überall | **Vorkommen** ganzjährig | **Ernährung** Larve, Imago: Holz | **Hinter die Ohren schreiben** Termiten können große Schäden anrichten, sind aber gleichzeitig auch wichtige Insekten für den Biohaushalt!

28 Gallische Feldwespe
Ganz ohne Zaubertrank die Welt retten

Die bekanntesten Gallier sind ohne Zweifel Asterix und Obelix. Das von den Römern gefürchtete Duo infernale hat es zu Weltruhm gebracht. Dabei stets im Gepäck ein Fläschchen Zaubertrank. Noch heute spazieren die beiden durch Comic-Bände und »hauen den Römern kräftig aufs Maul«. Wahre Helden, diese beiden. Könnten sich andere Weltretter à la James Bond, Superman und Co. eine Scheibe abschneiden.

Die Gallische Feldwespe kommt derweil ganz ohne Zaubertrank aus. Sie jagt Mücke um Mücke ohne Hilfsmittel. Wer eines ihrer Nester in seiner Nähe weiß, der hat mit einer drohenden überdimensionierten Stechmückenarmada keine Probleme mehr. Die Gallische Feldwespe kümmert sich bravourös um die gleichgewichtige Dezimierung. Schmieren Sie sich lieber ein Erfrischungspeeling auf die Haut, anstatt sich mit Insektenschutzmittel vollzusprühen.

Das Nest der Gallischen Feldwespe ist eine einzelne große Wabe in Handtellergröße ohne Nesthülle mit etwa zehn Zentimeter Durchmesser. Entsprechend übersteigt die Nestgröße selten 30 Arbeiterinnen. Ein kurioser, aber äußerst beliebter Nistplatz ist das im Weinbau verwendete Pflanzrohr, in Fachkreisen als Tubex-Rebschutzhülle oder -rohr bekannt. Es wird von der Gallischen Feldwespe als nahezu idealer Nistplatz angesehen. Und die Weinbauern haben nichts dagegen. Im Gegenteil, die Gallische Feldwespe liquidiert jede Menge Insekten, die die Weinbauern nicht haben wollen, und hinterlässt im Gegensatz zur Gemeinen Wespe (siehe Insekt 39) keine Schäden an den Weintrauben.

Die Gallische Feldwespe ist ein friedfertiges Tier und sucht keine fein gedeckten Picknicktische auf. Und sie hat abgesehen von einer ausgeprägten Wespentaille einen so ausgeprägten wie amüsanten Flugstil. Ihre langen, orangegelben Beine hängen beim Fliegen herunter wie sonst nur Schuhbändel auf dem Jahrmarkt im Achter-Looping oder Kettenkarussell.

Art Gattung Familie Polistes dominula, Polistes, Faltenwespen | **Verbreitung** Mitteleuropa | **Größe** 11–19 Millimeter Länge, 20–25 Millimeter Flügelspannweite | **Habitat** Heidelandschaften, Wiesen, Gärten, Buschland | **Vorkommen** April–Sept. | **Ernährung** Larve, Imago: Insekten, vorwiegend Mücken, Spinnen, Nektar | **Hinter die Ohren schreiben** Die Gallische Feldwespe, auch Haus-Feldwespe genannt, ist eine friedliche Mückenjägerin!

29 — Garten-Wollbiene
Der Batman unter den Bienen

Schon mal darüber nachgedacht, wie eine Biene schläft? Schlafen Bienen überhaupt? Die werden sich ja kaum in ein Bett kuscheln und sich die Decke über den Kopf ziehen! Nun ja, natürlich schlafen auch Bienen (warum auch nicht?), und die Garten-Wollbiene macht das auf eine höchst eigenartige oder zumindest ausgefallene Art und Weise.

Mit ihren Mandibeln beißt sich die Garten-Wollbiene an einer Pflanze fest und lässt sich in Fledermaus-Manier hängen. Nur eben nicht an den Füßen, sondern an ihren Mandibeln. Das wäre so, als würden Sie sich abends in ihre Träum-was-Süßes-Garderobe schmeißen und anstatt in eine horizontale Position zu gleiten, einem Türrahmen entgegenspringen, einen beherzten Biss machen und sich anschließend hängen lassen. Klingt nicht ganz so bequem, oder?

Eine weitere Eigenart dieses nützlichen Bestäubers ist das Auskleiden des Nestes mit pflanzlichen Drüsenhaaren. Die Weibchen schaben diese unter anderem von Wollziesten oder Brombeeren ab und schützen ihr Nest somit vor Nässe und Parasiten. Das ist selbst für Bienen eine ziemlich ausgeklügelte Idee. Die Garten-Wollbiene ist eine der wenigen Bienenarten, die auf diese Art von Schutz-Bebauungsmaßnahme zurückgreift.

Und weil es so viel Spaß macht, eine weitere Eigenart: Die Männchen der Garten-Wollbiene sind größer als die Weibchen. Eine große Ausnahme unter Wildbienen und nahezu allen Hautflüglern. In der Regel und nahezu ausnahmslos sind die Weibchen größer. Die Männchen der Garten-Wollbiene werden deshalb oft für eine andere Bienenart gehalten. Munter geht es mit dem Anderssein weiter: Bienen-Männchen besitzen keinen Stachel. Ausnahmslos! Nur die Männchen der Garten-Wollbiene spielen hier erneut die Extra-Wurst. Sie besitzen Dornen am Hinterleib. Und zwar fünf. Bei Bedrohung heißt es also: Hintern voraus! Aber auch beim Verteidigen des Reviers gegenüber Nahrungskonkurrenten.

Art Gattung Familie Anthidium manicatum, Harz- und Wollbienen, Megachilidae | **Verbreitung** Europa, Asien, Nordafrika, Nord-, Mittel- und Südamerika | **Größe** 10–16 Millimeter Länge, 20–30 Millimeter Flügelspannweite | **Habitat** Gärten, Parks, Trockenhänge, Waldränder | **Vorkommen** Juni–Okt. | **Ernährung** Larve, Imago: Nektar, Pollen | **Hinter die Ohren schreiben** Die Garten-Wollbiene ist keine Wespe, fliegt pfeilschnell, beherrscht den Schwirrflug und ist eine faszinierende Wildbienenart, die uns einen großartigen Bestäuberdienst leistet!

30 Gebänderte Flussköcherfliege

Die nächtlichen Wassertänzerinnen

Zweibeiner, die nachts in Ufernähe umherschwirren, wissen von den allabendlichen Insektentänzen am, im, auf und um das Wasser herum. Oft werden alle Insekten, die sich hier tummeln, als Mücken zusammengefasst! Doch weit gefehlt. Auch die Gebänderte Flussköcherfliege ist einer der abendlichen Veitstänzer. Tagsüber verbirgt sie sich unter ufernahen Pflanzen und fällt mit ihrem graubraunen Fleckenkostüm kaum auf. Doch sobald die Sonne untergeht, blüht sie regelrecht auf und vollführt in Schwärmen aufregende Tanzeinlagen in Wassernähe.

Der Gebänderten Flussköcherfliege ist das Wasser das liebste Element. Sie verbringt ihr gesamtes Larvenleben unter Wasser, knapp ein Jahr. Dort besiedelt sie Grobsubstrate, sprich Steine, Kies und dergleichen. Nach der Verpuppung lebt sie als Imago etwa zwei bis vier Wochen, in denen sie tagsüber Däumchen dreht und nachts aufdreht. Köcherfliegen sind eine der erfolgreichsten Insektenarten unter Wasser. Ihre Larven gelten als Indikator für eine gute Wasserqualität. Außerdem schmecken Köcherfliegen vorzüglich. Das zumindest behaupten all die Süßwasserfische, auf deren Speisekarte die Köcherfliegen ganz weit oben stehen. Die Bedeutung von Köcherfliegen in der Nahrungskette des Süßwassers ist existenziell.

Wie die Larven unter Wasser überleben? Viele Köcherfliegenarten bauen sich einen Köcher aus Steinchen, Holz oder kleinen Muscheln. Aus diesem Schutzbunker ragen filigrane Fäden am Hinterleib heraus und entnehmen dem Wasser Sauerstoff. Die Gebänderte Flussköcherfliegenlarve hat eine andere Herangehensweise. Sie spinnt einen Faden und klebt diesen mit einem eigens produzierten Sekret an einen Stein fest. Mit Hilfe ihrer am Hinterleib sitzenden Krallen hält sie sich am anderen Ende des Fadens fest: Unterwasser-Köchersurfen.

Art Gattung Familie Rhyacophila fasciata, Rhyacophila, Rhyacophilidae | **Verbreitung** Europa | **Größe** 12–14 Millimeter Länge, 25–30 Millimeter Flügelspannweite | **Habitat** bewachsener Uferbereich von sauberen Bächen, Flüssen, Seen | **Vorkommen** April–Nov. | **Ernährung** Larve: überwiegend Larven von Eintagsfliegen und Mücken; Imago: Tau, Nektar | **Hinter die Ohren schreiben** Köcherfliegen gibt es bereits seit über 250 Millionen Jahren! Sie stellen eine wesentliche Nahrungsquelle in Süßwasser-Gewässern dar!

NETZFLÜGLER (NEUROPTERA)

31 Gefleckflügelige Ameisenjungfer

Fallenstellende Larven brechen Rekorde

Ameisenjungfern sind innerhalb der Ordnung der Netzflügler die artenreichste und am weitesten verbreitete Familie. Dazu beigetragen hat die Lebensweise der Larven, die gemeinhin als Ameisenlöwen bezeichnet werden. Eben diese Larven haben sich ein äußerst spezielles Habitat ausgesucht: exponierte Sandlebensräume. Damit haben sie für sich eine ökologische Nische erschließen können, die ihren evolutionären Erfolg dynamisierte.

Bekannt ist der Ameisenlöwe für seinen selbst erbauten, kreisrunden Fangtrichter, an dessen Grund er nahezu sein gesamtes Larvenleben verbringt. Drei Standortfaktoren müssen für das erfolgreiche Funktionieren des Fangtrichters gegeben sein: Regenschutz, kräftige Sonneneinstrahlung und rieselfreudiger Sand. Bestimmte südseitige Fels- und Hauswände mit teilweise sandigem Untergrund bieten zum Beispiel ideale Bedingungen. Der Ameisenlöwe wartet am Grund des Trichters, bis eine Ameise über den Rand der Sandfalle rutscht und durch den Trichter fällt. Dann schnappt er blitzschnell zu, und für die Ameise geht das Licht aus.

Eine geniale Fallentechnik, die einzigartig ist. Der Ameisenlöwe hat aber noch mehr drauf: Er ist Träger einiger ökologischer Rekorde, die ihresgleichen suchen. Er überlebt eine Umgebungstemperatur von über 50 Grad, er kann monatelang ohne Nahrung auskommen, und er kann Steinchen schleudern, die einem Mehrfachen seines Körpergewichtes entsprechen. Er ist ein wahrer König der Rekorde!

Die Gefleckflügelige Ameisenjungfer ist heimisch und kommt häufig vor. Jedoch ist sie tagsüber selten anzutreffen. Sie hält sich in der Regel versteckt. Die Ameisenlöwen der Gefleckflügeligen Ameisenjungfer bauen ihre Fangtrichter überwiegend in warmen Wäldern. Und zwar an regengeschützten Stellen unter Wurzeln im lockeren Boden.

Art Gattung Familie Euroleon nostras, Euroleon, Ameisenjungfern | **Verbreitung** Mittel- und Südeuropa | **Größe** 30–40 Millimeter Länge, 50–60 Millimeter Flügelspannweite | **Habitat** südseitige Fels- und Hauswände, unter überhängenden Baumwurzeln | **Vorkommen** Juni–Sept. | **Ernährung** Larve: Ameisen, Schmetterlingsraupen; Imago: kleine Insekten | **Hinter die Ohren schreiben** Ameisenjungfern ähneln Libellen, sind aber nicht mit ihnen verwandt, stellen aber ebenso eine wichtige Insektenfamilie dar, der in ihren Ökosystemen eine entscheidende Rolle zukommt!

32 Gelbbindige Furchenbiene

Das Klima wird wärmer! Definitiv!

Die Gelbbindige Furchenbiene gilt als Indikator für das sich stetig erwärmende Klima. Sie mag es warm, und so lebte sie bis vor etwa 20 Jahren ausschließlich in südlichen Gefilden. Der Norden unseres Landes war ihr viel zu kalt. Mit der Zeit expandierte die Art aber genau in diese Himmelsrichtung: nach Norden. Das sich verändernde Klima sorgt dafür, dass trocken-warme Lebensräume in nördlichen und vormals kühleren Regionen sowie höheren Lagen entstehen und die Gelbbindige Furchenbiene sich weiter ausbreitet.

Bienen leben für gewöhnlich allein. Sie sind solitäre Insekten. Was wir von der Honigbiene kennen, ein Leben und Überwintern als Volk und eine Vermehrung durch Schwärmen, also Volkstteilung, ist eine absolute Ausnahme unter den Bienen. Sie führen in der Regel ein Single-Leben ohne üppigen Hofstaat.

Die Gelbbindige Furchenfliege ist ebenfalls eine Ausnahme. Sie zeichnet sich durch eine soziale Lebensweise mit ausgeprägter Teamarbeit aus. In Geburtsnestern überwintern mehrere Weibchen zusammen, und zwar begattet. Nach der Winterruhe bilden sie Gemeinschaften. Und die größte von allen darf sich das Königinnen-Diadem aufsetzen. Ihr kommt die Ehre zu, das Nest zu bewachen, und sie darf als einziges Mitglied der Gemeinschaft Eier legen. Alle anderen Weibchen stellen sich in den Dienst ihrer Königin und fliegen sämtliche Pflanzen, Blumen und Blüten an, die ihnen Nektar und Pollen bieten.

Vielfältigkeit ist hier das Stichwort, denn Gelbbindige Furchenbienen mögen es ernährungstechnisch gern abwechslungsreich. Entsprechend kann man sie auf verschiedensten Blütenständen antreffen. Damit haben sie einen Vorteil gegenüber anderen Bienenarten, da sie beim Wegfall bestimmter Pflanzenarten auf andere zurückgreifen können.

Art Gattung Familie Halictus scabiosae, Halictus, Schmal- und Furchenbienen | **Verbreitung** Mittel- und Südeuropa, Kleinasien, Mittlerer Osten | **Größe** 11–14 Millimeter Länge, 15–20 Millimeter Flügelspannweite | **Habitat** Waldränder, Sand- und Lehmgruben | **Vorkommen** April–Okt. | **Ernährung** Larve, Imago: Nektar, Pollen | **Hinter die Ohren schreiben** Das Bienensterben ist real! Wildbienenfamilien wie die Schmal- und Furchenbienen sind unverzichtbar für die biologische Vielfalt!

KAMELHALSFLIEGEN (RAPHIDIOPTERA)

33 _ Gelbfüßige Kamelhalsfliege

Ein stiller Nützling, der kein Tamtam macht

Die Welt der Fliegen ist faszinierend und hält allerlei Kuriositäten bereit. Fliegen bilden eine der beiden großen Unterordnungen der Zweiflügler und sind mit zahlreichen Familien vertreten. Viele Fliegenarten werden in einer einzelnen Ordnung zusammengefasst. So auch die Kamelhalsfliegen, die ihren Namen ihrem langen Hals verdanken. Genau genommen ist es ein stark verlängertes erstes Brustsegment. Ja, Kamele besitzen einen langen Hals, aber den haben beispielsweise auch Pferde oder Giraffen. Der Namensgeber war wohl Kamelhändler.

Die Gelbfüßige Kamelhalsfliege ist scheu und nahezu unsichtbar. Sie stellt sich nicht gern zur Schau, agiert am liebsten im Hintergrund, bleibt für sich und meidet die Öffentlichkeit. All ihre Beinglieder sind gelb, nur die Hüften der Mittel- und Hintersegmente sind dunkel. Was sie gegenüber anderen Kamelhalsfliegen-Arten auffälliger und farblich interessanter macht. Unter den Kamelhalsfliegen zählt sie zu den schönsten Exemplaren.

Kamelhalsfliegen sind mit der Florfliege verwandt, und diese gilt bekanntlich als Nützling. Und so sind auch Kamelhalsfliegen als Nützlinge eingestuft. Sie legen ihre Eier tief in Rindenritzen, und die entsprechenden Larven verköstigen sich räuberisch an Borkenkäfern und Co., genau genommen an deren Larven und Eiern. Der Imago, der eine kurze Lebenserwartung von wenigen Tagen bis Wochen hat, ernährt sich von Blattläusen und Blütenpollen. Richtig, Kamelhalsfliegen sind auch Blütenbestäuber. Nur weil sie nicht an Bienen und Co. herankommen, heißt das nicht, dass man sie vernachlässigen darf.

Im Gegensatz zu anderen Fliegenordnungen mag es die Kamelhalsfliege kühl und rau. Warm und sonnig ist nichts für sie. Die Gelbfüßige Kamelhalsfliege entwickelt sich prächtig bei winterlichen Temperaturen.

Art Gattung Familie Dichrostigma flavipes, Dichrostigma, Raphidiidae | **Verbreitung** Mittel- und Südosteuropa | **Größe** 8–15 Millimeter Länge, 15–30 Millimeter Flügelspannweite | **Habitat** warme, trockene Biotope | **Vorkommen** Mai–Juli | **Ernährung** Larve: Larven und Eier von Borkenkäfern und anderen Insekten; Imago: Blattläuse, Pollen | **Hinter die Ohren schreiben** Nicht nur Bienen und Co. sind Blütenbestäuber, sondern auch Kamelhalsfliegen!

KÄFER (COLEOPTERA)

34 — Gelbrandkäfer
Unter Wasser ist es am schönsten

Bei »Germanys Next Top-Käfer« würde der Gelbrandkäfer mindestens bis ins Finale vorrücken. Er gilt als einer der schönsten bekannten Schwimmkäfer. Seine Körperform ist kahnartig flach und hydrodynamisch günstig, was zu einer ansprechenden Körperästhetik führt. Seine dunkelbraune Körperoberseite glänzt und ist gelb umrandet. Das Glänzen verdankt er einer dünnen Ölschicht, die aus Hautdrüsen ausgeschieden wird, wodurch sein Körper das Wasser abstößt.

Wer einen Gartenteich hat, der lässt sich in der Regel von der grazilen Schönheit des Gelbrandkäfers nicht blenden. Sowohl die Larven als auch die Imagines leben räuberisch und legen sich auch schon mal einen kleineren Zierfisch auf den Mittagstisch. Aber das sollte niemanden abschrecken. Der Gelbrandkäfer gilt in seinem Habitat, den pflanzenreichen Flachwasserzonen kleinerer und mittelgroßer Gewässer, als ein wichtiger ökologischer Regulator. Gelbrandkäfer sind in jedem Gartenteich Gold wert, auch wenn sie sich hin und wieder mal den einen oder anderen Fischhappen gönnen.

Zum Luftholen kommt der Gelbrandkäfer kurzweilig an die Wasseroberfläche, und zwar etwa sieben Mal pro Stunde. Den Rest der Zeit verbringt er unter Wasser. Der Schönling ist im Grunde genommen mehr Fisch als Käfer – wären da nicht die sechs Beinchen. Und die Fühler. Und der Panzer. Nein, nein, er ist und bleibt ein Käfer. An der Wasseroberfläche streckt er seinen Po in die Höhe (Hinterleib aus dem Wasser) und sammelt unter seinen Flügeldecken einen frischen Luftvorrat.

Fliegen kann er auch. Ein wahres Multitalent! Auf der Suche nach einer neuen Heimat fliegt er durchaus weite Strecken. In der Regel tut er das aber nur bei Dunkelheit. Wenn Ihnen also über Nacht ein paar Gelbrandkäfer abhandengekommen sind, klingeln Sie ruhig mal beim Nachbarn, oder fahren Sie gleich zum nächsten Landstrich, bevor Sie eine Vermisstenmeldung aufgeben.

Art Gattung Familie Dytiscus marginalis, Dytiscus, Schwimmkäfer | **Verbreitung** Europa, bis hin nach Japan, auch Nordamerika | **Größe** 30–35 Millimeter Länge | **Habitat** in langsam fließenden oder stehenden Gewässern, pflanzenreiche Flachwasserzonen | **Vorkommen** ganzjährig | **Ernährung** Larve und Imago: kleine Zierfische, Insekten, Kaulquappen, Molchlarven, Jungfische | **Hinter die Ohren schreiben** Schwimmkäfer sind in all ihren Wasserhabitaten wichtige Regulatoren, die das Ökosystem im Gleichgewicht halten!

EINTAGSFLIEGEN (EPHEMEROPTERA)

35 Gemeine Eintagsfliege
Alt, älter, Eintagsfliegen

Eintagsfliegen haben eine äußerst kurze Lebenserwartung, doch gerade sie sind die ältesten bekanntesten Flügeltiere unseres Planeten. Seit über 200 Millionen Jahren schlüpfen sie Jahr für Jahr für Jahr und tragen – ob tot oder lebendig – als Nahrungsquelle einer Vielzahl von Tieren zum ökologischen Gleichgewicht bei. Für Fische ist ein Eintagsfliegen-Schlupf ein fein gedeckter Tisch. Ohne Eintagsfliegen hätte sich bei Weitem keine so große Fischvielfalt entwickeln können.

Die Gemeine Eintagsfliege, auch als Braune Maifliege bekannt, lebt in der Regel zwei bis drei Tage. In dieser beschränkten Lebens- und Flugzeit hat sie, wie alle anderen Eintagsfliegen-Arten auch, exakt eine Sache zu erledigen: sich paaren. Sie existiert als Imago einzig und allein für die Paarung und Fortpflanzung. Und zwar im Schnelldurchlauf. Nach der Eiablage im Wasser fällt das Weibchen tot zu Boden oder auf die Wasseroberfläche. Job erledigt und auf Nimmerwiedersehen.

Die erwachsenen Tiere haben keine funktionierenden Mundwerkzeuge und einen für die Nahrungsverwertung funktionslosen Darm. Sie leben also ein (kurzes) Leben, ohne Nahrung zu sich zu nehmen. Segnet das Weibchen bereits nach erfolgreicher Eiablage das Zeitliche, ereilt das Männchen wenig später aufgrund fehlender Nahrung das gleiche Schicksal.

Die Gemeine Eintagsfliege hat durchsichtige Flügel, die ein dunkles Adernetz durchzieht, und sie weist eine braune Fleckenzeichnung entlang der Queradern des Vorderflügels auf. Ein prall mit Luft gefüllter Mitteldarm dient als körperstabilisierendes Skelett. Sie benötigt neutrale oder basische Gewässer und kann nicht in versauerten Gewässern leben. In der Schlupfzeit der Maifliegen ist eine selbst gebundene Maifliegen-Imitation ein super Köder für das Fliegenfischen auf Forellen. Wie verabschieden sich zynische Eintagsfliegen? Sie sagen: »Bis morgen.«

Art Gattung Familie Ephemera vulgata, Ephemera, Ephemeridae | **Verbreitung** Europa, Anatolien | **Größe** 14–24 Millimeter Länge, 35–50 Millimeter Flügelspannweite | **Habitat** Gewässergrund von stehenden oder träge fließenden Gewässern | **Vorkommen** Mai–Sept. | **Ernährung** Larve: Sediment; Imago: nimmt keine Nahrung auf | **Hinter die Ohren schreiben** Eintagsfliegen sind alles andere als Eintagsfliegen, sie sind evolutionär gesehen wahre Evergreens!

NETZFLÜGLER (NEUROPTERA)

36 Gemeine Florfliege
Eine Katzenminze liebende Fliege

Mit einem eleganten Feenflügelschlag schwebt sie leichtflügelig durch den Sommertag. Ein Tanz der Lüfte, locker aus der Hüfte. Die Flügel durchsichtig und zart, parkt sie einen kurzen Moment lang auf meinem Bart. Wie ein smaragdgrüner Fliederflieger erobert sie die Herzen aller Liebhaber wie ein Sieger. Ihre metallisch glänzenden Knopfaugen starren mich an, und ich erstarre in alle Ewigkeiten in ihrem Bann.

Die Gemeine Florfliege ist ein in der Tat anmutiges Geschöpf. So zart und fein wie eine Fee. Doch aus Sicht der Blattlaus sieht es anders aus. Die Blattlaus hat zwei große Feinde: den Marienkäfer und die Florfliege. Besser gesagt die Florfliegenlarven. Diese verputzen bis zur Verpuppung am liebsten Blattläuse. Und zwar bis zu 100 Stück pro Tag.

Entsprechend hat man ihnen den Spitznamen »Blattlauslöwen« gegeben. Eine Besonderheit dabei: Die Blattläuse werden nicht gefressen, sondern ausgesaugt. Ein beliebtes Fressmuster bei vielen Insekten. Die leeren Blattlaus-Hüllen bleiben meist auf der Pflanze zurück oder fallen zu Boden. Da bekommt die Redewendung »die Hüllen fallen lassen« eine ganz andere Bedeutung.

Die Ansprüche der Florfliege sind verglichen mit anderen Nützlingen relativ bescheiden. Sie arbeitet bereits ab zwölf Grad, und auch trockene Luft schränkt ihre Aktivität kaum ein. Sie ist in der Nützlingsskala ganz weit oben anzusiedeln. Für die ökologische Landwirtschaft ist die Florfliege von größter Bedeutung. Vor allem Ökobauern sind auf sie angewiesen und wissen sie sehr zu schätzen.

Sie wollen Florfliegen in Ihrem Garten haben? Pflanzen Sie Katzenminze in Ihre Staudenbeete. Sie haben keine Staudenbeete? Dann pflanzen Sie die Katzenminze eben woandershin. Die Blüten der Echten Katzenminze enthalten einen Duftstoff, der dem Sexuallockstoff der Florfliegen ähnlich ist. Erwachsene Fliegen werden somit als Bestäuber angelockt.

Art Gattung Familie Chrysoperla carnea, Chrysoperla, Florfliegen | **Verbreitung** weltweit (außer Australien) | **Größe** 10–15 Millimeter Länge, 15–30 Millimeter Flügelspannweite | **Habitat** Niedrigvegetation in Feld und Flur, Sträucher, Bäume | **Vorkommen** April–Okt. | **Ernährung** Larve: Blattläuse, Thrips, Spinnmilben, Raupen, Woll- und Schmierläuse; Imago: Nektar, Pollen, Honigtau | **Hinter die Ohren schreiben** Gemeine Florfliegen gehören zu den Top-Nützlingen!

SCHNABELFLIEGEN (MECOPTERA)

37 — Gemeine Skorpionsfliege
Eine Exotin, die es in der Liebe kompliziert mag

Die Gemeine Skorpionsfliege ist trotz ihres exotischen Aussehens ein heimisches Insekt. Sie kommt sehr häufig vor, aber nur die wenigsten kennen sie. Ihr Name leitet sich von einem auffälligen Körperteil an ihrem Hinterleib ab, der an einen Skorpionstachel erinnert. In Wahrheit hat er jedoch nichts mit einem Stachel zu tun. Der Körperteil hat eine ganz andere Funktion. Bei den Weibchen ist er eine Legeröhre, bei den Männchen ein Kopulations-Organ. Und bei den Männchen ist er deutlich größer und auffälliger als bei den Weibchen.

Männchen strecken ihren Po samt Paarungs-Organ in die Höhe und machen einen auf Balzkönig. Sie vibrieren mit ihren Hintern, bis sich die Strohhalme biegen. Pheromone? Kennt die Gemeine Skorpionsfliege nicht. Die Partnersuche läuft also vor allem optisch ab. Nur das Äußere zählt hier.

Innere Werte? Überbewertet! Das Männchen muss es schaffen, mittels seines »Balzzitterns«, seines »Popo-Dance« und seines »Flügel-Winkens« das Weibchen von sich zu überzeugen. Das kann im Insektenmaßstab eine halbe Ewigkeit dauern, sprich bis zu einer, zwei und mehr Stunden.

Ganz ohne Duft geht es aber dann doch nicht. Die Männchen der Gemeinen Skorpionsfliege verströmen einen Lockstoff. Dieser ist aber bei Weitem kein Garant für eine erfolgreiche Partnersuche. Die Weibchen der Gemeinen Skorpionsfliege lassen sich nicht so leicht betören. Ein verlockender Stoff ist ganz nett, all das Rumgehampel beeindruckend, aber ohne Geschenke geht gar nichts. Gemeint ist damit eine eigens produzierte, proteinreiche Speicheldrüsensubstanz.

Die großzügigsten Männchen, sprich die, die am meisten davon produzieren und es den Auserwählten zur Verfügung stellen, erhöhen ihre Paarungschancen. Und wer viel gibt, bekommt auch viel – zumindest in Hinblick auf die Dauer des Paarungs-Amusements. Das Weibchen bedankt sich quasi für die vielen Gaben mit einem lang andauernden Abenteuer.

Art Gattung Familie Panorpa communis, Panorpa, Skorpionsfliegen | **Verbreitung** Mitteleuropa | **Größe** 10–15 Millimeter Länge, 25–35 Millimeter Flügelspannweite | **Habitat** Wald- und Wegränder, Büsche, Wiesen | **Vorkommen** April–Okt. | **Ernährung** Larve: geschwächte, tote Insekten; Imago: organische Stoffe, Aas, Kot, Pflanzenteile, Nektar, Pollen | **Hinter die Ohren schreiben** Die Skorpionsfliege ist eine faszinierende Schnabelfliege, die einen großen ökologischen Wert hat!

SCHLAMMFLIEGEN (MEGALOPTERA)

38 Gemeine Wasserflorfliege
Ein Urinsekt als Delikatesse für Kiementräger

Die Gemeine Wasserflorfliege ist ein Insekt, das für die Fauna in langsam fließenden oder stehenden Gewässern von größter Bedeutung ist. Sie zählt zu den Schlammfliegen, und deren Larven sind eine wichtige Nahrungsquelle für Süßwasserfische. Schlammfliegen-Weibchen legen vielzählige Eiergruppen mit insgesamt gut 2.000 Einzeleiern in die Ufervegetation. Was selbst für Insekten eine ganze Menge ist. Aber diese Mengen sind auch nötig, denn Fische haben hungrige Mäuler.

Gut zwei Jahre dauert die Entwicklung der Larve zum Imago. Wenn die Larve nicht schon vorher gefressen wird. Der überwiegende Teil wird nämlich verspeist. Diejenigen, die es zum Imago schaffen, leben dann nicht mehr allzu lange. Lediglich ein paar Tage bis hin zu ein paar Wochen. In dieser Zeit fressen sie kaum und sitzen meist auf Pflanzen herum. Die Gemeine Wasserflorfliege ist bewegungs- und flugfaul. Und wenn sie doch einmal fliegt (nur das Weibchen, das Männchen ist flügellos), dann ist das mehr ein träges Flattern als eine akrobatische Flugshow.

Lediglich zur Paarung wird das Aktivitätslevel hochgeschraubt. Aber auch diese verläuft ruhig und unaufgeregt. Da das Männchen der Gemeinen Wasserflorfliege nicht fliegen kann, wird der Paarungsakt am Boden zelebriert. Und das ist wortwörtlich eine schnelle Nummer. Das Männchen legt lediglich ein Samenpaket an die Geschlechtsöffnung des Weibchens. Und das war's! Wie die Samenzellen ihr Ziel finden? Wie von Geisterhand, sprich selbstständig.

Die Gemeine Wasserflorfliege hat wie alle anderen Schlammfliegenarten keinen Stachel. Sie kann also nicht stechen. Sie beißt auch nicht. Und nein, sie ist weder giftig, noch überträgt sie Krankheiten. Die Gemeine Wasserflorfliege ist ein Urinsekt, das weder selten noch besonders geschützt ist, aber seinen Platz in der Insektenwelt tapfer weiter besetzt und auch verdient hat. Wie jedes andere Insekt auch.

Art Gattung Familie Sialis lutaria, Sialis, Sialidae | **Verbreitung** Mittel- und Südeuropa | **Größe** 17–20 Millimeter Länge, 30–40 Millimeter Flügelspannweite | **Habitat** Ufer-Biotope | **Vorkommen** Mai–Juli | **Ernährung** Larve: Würmer, Insektenlarven, kleine Wassertiere; Imago: Nektar | **Hinter die Ohren schreiben** Schlammfliegen sind Urinsekten! Sie sind bestens in ihre Habitate eingegliedert und übernehmen eine große Rolle in der Entwicklung von anderen Lebewesen, wie zum Beispiel den Fischen!

HAUTFLÜGLER (HYMENOPTERA)

39 __ Gemeine Wespe
Gemein sind immer nur die anderen: Menschen

Als Lulu und Lala heimkamen, roch es im Garten nach frisch gemähtem Gras. Ein markantes, lebendiges Stechen in der Nase. Opa Gerd hasste das Rasenmähen, er nannte es Insektenmassaker. Er liebte Insekten. Sie seien die Krönung der Schöpfung.

Hoch oben im wolkenlosen blauen Himmel flog ein Gänsetrupp im geordneten Formationsflug über Lulus und Lalas Köpfe. Die beiden Zwillingsschwestern hatten es sich auf der Holzschaukel bequem gemacht und schleckten an einem gigantischen Erdbeereis mit knusprigen Schoko-Kokosraspeln und zartschmelzender Karamellsoße. In ihren Gesichtern strahlten die Sommersprossen um die Wette, und neben ihnen machte die Dalmatinerdame Luna eine Siesta. Wie aus dem Nichts tauchte plötzlich eine feindselige Wespenhorde auf und griff zielgerichtet die Zwillinge an und stach sie quälend zu Tode.

Zu hart? Verzeihen Sie mir! Nun denn, so oder so ähnlich (wohl harmloser) könnte ein weiterer Abgesang auf die gefährlichen, lästigen Quälgeister (= Wespen) lauten. Sie haben einen verdammt schlechten Ruf! Dabei gehören sie zu einer der vier »megadiversen« Insektenordnungen und stellen natürliche Regulatoren unserer Natur dar: Sie sind Schädlingsbekämpfer, Aasfresser, Verwerter organischen Materials und Blütenbestäuber. Und nicht zu vergessen: Nahrung für viele Säugetiere, Vögel und andere Insekten. Ohne Wespen sähen die Prognosen für den Planeten Erde düster aus.

Mit »gemein« ist bei der Gemeinen Wespe »gewöhnlich« gemeint, sie ist weder gemein noch bösartig und auch nicht hinterhältig. Ein Wespenstich ist eine reine Schutzfunktion, auch wenn er sehr schmerzhaft sein kann und eine Insektengiftallergie eine ernst zu nehmende Sache ist. Die Gemeine Wespe ist die bei uns am häufigsten vorkommende Wespenart. Sie ist ein Dunkelhöhlenbrüter, sodass man ihr Nest selten im Freien antrifft. Dafür in Rollladenkästen, Dachböden und Mäuse- und Maulwurfsbauten.

Art Gattung Familie Vespula vulgaris, Kurzkopfwespen, Faltenwespen | **Verbreitung** Mitteleuropa | **Größe** 11–20 Millimeter Länge, 22–44 Millimeter Flügelspannweite | **Habitat** Wald, Stadt | **Vorkommen** April–Nov. | **Ernährung** Larve: Aas und Insekten; Imago: Nektar, weiche Früchte, Honigtau und alles Süße und Herzhafte, was Mensch gern zu sich nimmt | **Hinter die Ohren schreiben** Wespen sind unbeliebt, aber äußerst nützlich und in ihren Habitaten ausnahmslos unverzichtbar!

KÄFER (COLEOPTERA)

40 Gemeiner Mistkäfer
Was gibt es Besseres als einen frischen Dunghaufen?

Der Gemeine Mistkäfer hat mehrere Pseudonyme: Waldmistkäfer, Rosskäfer und Tintenkäfer. Bei häufigen und bekannten Insektenarten kommt das ja öfters vor. Der Gemeine Mistkäfer ist ein steter und fleißiger Bewohner unserer heimischen Wälder. Er gehört zu den kompakten Mistkäfern, die – charakteristisch für Mistkäfer – exzellente Erdbohrer sind. Mit höchster Präzision bohrt er gleichmäßige und stabile Gänge und Röhren in die Erde.

Mistkäfer heißen Mistkäfer, weil sie sich von Mist ernähren, genau genommen Dung. Also dem Kot von Pflanzenfressern. Der Gemeine Mistkäfer bildet da keine Ausnahme. Es gibt zwar einige Mistkäfer-Arten, die sich auch von Pilzen und Humus ernähren, aber diese bilden eine Ausnahme. Besonders gern mag der Gemeine Mistkäfer Kuhfladen und Pferdeäpfel. In der Abenddämmerung hält er sich gern bei Kühen und Pferden auf und wartet darauf, dass den Säugetieren etwas Schmackhaftes vom Hintern fällt.

Was dem Mistkäfer so gut am Dung schmeckt, sind vor allem all die kleinen Organismen, die sich in der Dung-Flüssigkeit befinden. Eine Delikatesse! Doch Dung ist nicht gleich Dung. Mistkäfer laben sich nur an frischen Exkrementen. Ältere Kuhfladen und Pferdeäpfel sind uninteressant und werden links liegen gelassen, denn sie sind nahezu ausgetrocknet. Und wo keine Flüssigkeit, da keine leckeren Kleinstorganismen.

Insekten sind nicht gerade bekannt dafür, sich um den Nachwuchs zu kümmern. Auf einen geschützten und nahrungsgünstigen Brutplatz und dergleichen wird oft geachtet, aber den meisten Insekten ist Brutpflege ein Fremdwort. Das steht im starken Kontrast zu den Säugetieren, bei denen die Brutpflege in den meisten Fällen existenziell ist. Mistkäfer bilden hierbei unter den Insekten eine Ausnahme. Sowohl Männchen als auch Weibchen kümmern sich gemeinsam um das Wohlbefinden des Nachwuchses. Vorbildliche Mustergültige und vorbildliche Eltern!

Art Gattung Familie Geotrupes stercorarius, Geotrupes, Mistkäfer | **Verbreitung** Europa | **Größe** 15–25 Millimeter Länge | **Habitat** Wälder, Steppen, Felder, in der Nähe von Pferden und Kühen | **Vorkommen** April–Okt. | **Ernährung** Dung | **Hinter die Ohren schreiben** Mistkäfer kümmern sich um die Ausscheidungen von Pflanzenfressern und tragen so dazu bei, dass wir nicht in Dung ersticken!

41 — Gemeiner Ohrwurm

Ein Ohrwurm kommt, um zu bleiben

Ohrwürmer sind allseits bekannt. Weitaus bekannter als Bienen, Marienkäfer, Schmetterlinge und Co. Und jeder hat schon mal mindestens einen Ohrwurm gehabt. Ohrwürmer haben die Angewohnheit, echte Kletten zu sein. Einen Ohrwurm loszuwerden ist keine einfache Sache. Ein Ohrwurm kommt, um zu bleiben. Moment einmal, da ist doch der Wurm drin? Ohrwürmer: Lieder, die einem sofort nachlaufen.

Und warum heißt der musikalische Ohrwurm Ohrwurm? Weil sich der wahre Ohrwurm in unser Ohr bohrt? Klingt schlüssig, ist es aber nicht. Ohrwürmer, wie der Gemeine Ohrwurm, machen sich nichts aus unseren Ohren. Weder krabbeln, kriechen oder fliegen sie hinein, noch knabbern, kneifen oder beißen sie an ihnen. Ohrwürmer haben ihren Namen bekommen, weil sie früher einmal bei Ohrenkrankheiten in Pulverform verabreicht wurden. Quasi als Medizin. Ob es geholfen hat? Fragen Sie Ihren Arzt oder Apotheker!

Der Gemeine Ohrwurm ist ein Nützling par excellence. Er ist zwar ein Allesfresser, und so knabbert er auch an der einen oder anderen Blüte, was dem Hobby-Gärtner nicht gefällt, aber viel mehr kann er nicht zerstören. Seine Mundwerkzeuge sind viel zu kraftlos, um zum Beispiel Fruchthäute aufzuknabbern. Ansonsten ist der Gemeine Ohrwurm ein gern gesehener Gast bei informierten Gärtnern. Denn er vertilgt Schädlinge en masse. Blattläuse sind seine Lieblingsspeise. Aber auch Echte Mehltaupilze stehen auf dem Speiseplan. Der Gemeine Ohrwurm, ein Musterschüler in Sachen Schädlingsreduktion. Die allermeisten Ohrwürmer sind Baumbewohner. Sie leben in Baumritzen. In ihren Behausungen verbringen sie den Großteil des Tages. Das Tageslicht meiden sie. Sie sind dämmerungs- und nachtaktive Insekten, die sich im Dunkeln bestens zurechtfinden. Und zwar krabbelnd. Selten macht sich ein Ohrwurm die Mühe, durch die Luft zu fliegen. Zumindest nicht freiwillig. Ohrwürmer gelten als äußerst flugträge.

Art Gattung Familie Forficula auricularia, Forficula, Eigentliche Ohrwürmer | **Verbreitung** weltweit | **Größe** 10–16 Millimeter Länge | **Habitat** Gärten, Wälder, Laub, Baumritzen | **Vorkommen** ganzjährig, bei uns April–Okt. | **Ernährung** Allesfresser | **Hinter die Ohren schreiben** Musikalische Ohrwürmer gehen uns leicht ins Ohr, tierische Ohrwürmer bleiben lieber auf Bäumen und vertilgen massenhaft Schädlinge!

42 Giraffenhalskäfer

Ein endemischer Exot aus dem fernen Madagaskar

Der Giraffenhalskäfer entstand durch die Kreuzung einer Giraffe mit einem Marienkäfer. Ist natürlich absoluter Quatsch! Aber niemand kann leugnen, dass der lange Hals an eine Giraffe erinnert und die rot leuchtenden Flügeldecken an einen punktlosen Marienkäfer.

In der Welt der Insekten hat alles seinen Sinn. Und so ist es auch mit dem langen Hals des Giraffenhalskäfers. Wir könnten ihn, wie so vieles andere, als eine Laune der Natur hinstellen, aber damit würden wir es uns zu einfach machen. Der lange Hals kommt dem Giraffenhalskäfer in erster Linie für zwei Dinge gelegen: dem Männchen beim Rivalen-Kampf und dem Weibchen beim Nestbau. Dabei ist der Hals der Männchen bis zu doppelt so lang wie der des Weibchens.

Wie es für Blattroller üblich ist, schneiden die Weibchen Blätter so ein, dass sie sich einrollen. Gemeint sind die Blätter, nicht das Giraffenkäfer-Weibchen. In diese gerollten Blätter legt das Weibchen dann seine Eier ab. Und zwar pro Blatt jeweils nur ein Ei. Nach der Eiablage schneidet sie das Blatt von der Pflanze ab.

Das Blatt fällt samt Ei zu Boden und dient der Larve in der Folge als Erstnahrung.

Ihr gesamtes Leben verbringen die Giraffenhalskäfer auf, um und um Schwarzmundgewächse herum. Es sind genau zwei Arten dieses Gewächses, Dichaetanthera arborea und Dichaetanthera cordifolia, an die die Käfer gebunden sind. Und sie bleiben diesen beiden Pflanzen stets treu. Ein Giraffenhalskäfer geht nicht fremd, sprich entfernt sich kaum von seinen beiden Schwarzmundgewächsen.

Ein besonderer Flugkünstler ist der Giraffenhalskäfer nicht. Bei einer Bedrohungslage fährt er seine durchsichtigen Flügel aus und fliegt davon. Aber das wirkt behäbig und wenig elegant. Unter den Einheimischen wird er deshalb auch gern Helikopterkäfer genannt. Mit seinem riesigen Hals sieht das ganze Manöver ziemlich lustig aus und zaubert ein Lächeln ins Gesicht.

Art Gattung Familie Trachelophorus giraffa, Trachelophorus, Blattroller | **Verbreitung** endemisch (Madagaskar) | **Größe** 20–25 Millimeter Länge | **Habitat** Regenwald Ost-Madagaskars | **Vorkommen** ganzjährig, Hochsaison im Frühling | **Ernährung** Pflanzensaft | **Hinter die Ohren schreiben** Mit geschätzten 600.000 Arten sind die Käfer die aktuell umfangreichste Insekten-Ordnung! Allein in Mitteleuropa gibt es an die 10.000 bekannte Arten!

KÄFER (COLEOPTERA)

43 — Glänzendschwarzer Getreideschimmelkäfer
Lust auf Insekten-Burger?

Der Glänzendschwarze Getreideschimmelkäfer ist ein schlimmer Finger. Ein Schädling! Und zwar, wie die meisten Schwarzkäfer, ein Vorratsschädling. Am liebsten hat er bereits faulende oder schimmelige Vorräte. Besonders in Tierzuchtbetrieben ist er gefürchtet. Als Imago wird er als Vektor für pathogene Mikroorganismen betrachtet. In Geflügelfarmen gilt er als Hygieneschädling, der insbesondere Salmonellen ins Spiel bringen kann. Als Larve wird er als Schadschädling eingeordnet, der sich unter anderem in Dämmmaterial einbohrt und dieses dadurch zerstört.

So weit, so gut. Der Glänzendschwarze Getreideschimmelkäfer ist also kein Parade-Insekt im positiven Sinne. Auch wenn er besser als der Mehlwurm abschneidet, der sich bevorzugt an noch verwendungsfähiges Material macht. Aber zum Glück gibt es immer ein »Aber«. Der Glänzendschwarze Getreideschimmelkäfer ist auch unter dem Namen »Buffalowurm« bekannt. Nein, ein Wurm wird aus ihm nie werden, aber seine Larven sehen, wie viele andere Insektenlarven auch, wie ein Wurm aus. Und genau um diese Larven dreht sich auch das »Aber«.

Die Larven des Glänzendschwarzen Getreideschimmelkäfers lassen sich gut züchten. Geringer Platzbedarf, hohe Ausbeute, kurze Generationenfolge und einfache wie günstige Nahrung. Der Buffalowurm kommt sowohl in der Terraristik und der Aquaristik als auch in der Vogelzucht zum Einsatz. Aber ebenso als Angelköder. Er ist zusammen mit dem Mehlwurm und dem Großen Schwarzkäfer Teil der Futtertier-Triade der Käferlarven.

Und er ist ein bekanntes Speiseinsekt. Der Buffalowurm ist für den Mensch gut verzehrbar und wird als Snack, Pulver oder Mehl angeboten. Letzteres wird unter anderem zu Burger-Patties weiterverarbeitet. Guten Appetit!

Art Gattung Familie Alphitobius diaperinus, Alphitobius, Schwarzkäfer | **Verbreitung** weltweit | **Größe** 5–6 Millimeter Länge | **Habitat** Kulturfolger; warm und feucht; Freiland: verschiedene Tierbauten; menschliche Umgebung: Getreidesilos, Futtermittellager, Mühlen, Bäckereien, Vorratslager, Streu, Abfälle, Tierzuchtbetriebe | **Vorkommen** ganzjährig | **Ernährung** Larve: Futtermittel, Getreide, Fischflockenfutter, Hunde- und Katzentrockenfutter, Obst, Vogelkot, Fledermauskot, Aas; Imago: Futtermittel, Getreide, Mehl | **Hinter die Ohren schreiben** Insekten als Nahrungsmittel sind in anderen Kulturkreisen längst auf der Speisekarte!

ZWEIFLÜGLER (DIPTERA)

44 Goldaugenbremse
Blutrünstige Weibchen

Wären da nicht die Weibchen, hätten die Bremsen einen weitaus besseren Ruf. Die allermeisten Männchen machen nämlich lieber Blütenbesuche und laben sich am Blütennektar. Die Weibchen dagegen brauchen Blut, Lymphe und Zellflüssigkeit, andernfalls können sie keine Nachkommenschaft produzieren. Und somit gehören Bremsen zu den Krankheitsüberträgern, auf die wir alle gern verzichten würden. Aber die Welt der Insekten ist eben vielfältig, da gibt es nun mal auch ein paar schwarze Schafe. Aber die gibt es ja in jeder (Insekten-)Familie, nicht wahr?

Die Goldaugenbremse besetzt einen der Podiumsplätze bei der mechanischen Übertragung eines bakteriellen Erregers, der für die Tularämie verantwortlich zeichnet. Dabei handelt es sich um eine Tierkrankheit, die vor allem frei lebende Hasenartige und Nagetiere befällt und sich auf den Menschen übertragen kann.

Ein Bremsenstich verläuft in der Regel aber ungefährlich. Ein deutlich roter Punkt (Quaddel), der juckt und schmerzt und bis zu zwei Wochen braucht, bis er komplett verheilt ist. Bei Allergikern gestaltet sich das natürlich anders, diese zeigen auffallendere Reaktionen. Auch Kindern bekommt ein Bremsenstich schlecht. Zu Krankheitsübertragungen beim Menschen kommt es in unseren Gefilden jedoch so gut wie gar nicht. Bei Tieren durchaus.

Die Goldaugenbremse hat zwei optische Merkmale, die es in sich haben. Einerseits wären da die transparenten Flügel mit brauner Adermarmorierung und andererseits die strahlend grünen Facettenaugen mit bläulichen Flecken. Letztere sind ein farblicher Hingucker und unter den Bremsen einzigartig.

Die Goldaugenbremse ist kein Schnellstecher, sprich sie lässt sich Zeit. Landet sie beispielsweise auf dem Arm, bemerken wir sie in der Regel, bevor sie zustechen kann. Viele andere Bremsenarten sind da zackiger unterwegs. Einmal auf der Haut gelandet, wird sofort zugestochen.

Art Gattung Familie Chrysops relictus, Chrysops, Bremsen | **Verbreitung** Europa | **Größe** 9–14 Millimeter Länge, 15–25 Millimeter Flügelspannweite | **Habitat** trockenwarme Sandgebiete, Offenlandbiotope | **Vorkommen** April–Sept. | **Ernährung** Larve: Pflanzenreste; Imago: Weibchen: Blut; Männchen: Nektar | **Hinter die Ohren schreiben** Bremsen sind Insekten, auf die wir gern verzichten würden, sie können Krankheiten wie Milzbrand oder Borreliose übertragen, aber in der Gesamtökologie haben sie ihre Berechtigung und ihren Nutzen!

KÄFER (COLEOPTERA)

45 _ Goldener Schildkrötenkäfer
Mit Farben spielen

Je nach Stimmung, Betätigung und Gesundheit kann sich unser Gesicht verfärben. Wenn wir einen Marathon laufen und außer Puste sind: rötlich! Wenn eine Vergiftung des Körpers vorliegt, sprich die Organe nicht mehr richtig entgiften: gräulich, braun gefleckt bis hin zu gelblich! Wenn wir uns total ärgern: schwarz! Wenn wir einen über den Durst getrunken haben: blau! Na ja, eigentlich färbt sich das Gesicht bei übermäßigem Alkoholkonsum ja rötlich, das Blau ist also figurativ zu verstehen (wie zuvor das Schwarz). Blau werden wir entweder bei Zyanose, wenn wir uns der Blue Man Group anschließen oder in Schlumpfhausen wohnen.

All unsere Gesichtsfärbungen sind Reaktionen des Körpers, die wir nur teils bewusst kontrollieren können. Aus dem Tierreich kennen wir aber die selbstbestimmte Farbveränderung. Das erste Tier, was den meisten in den Sinn kommt, ist wohl das Chamäleon. Es ist ein wahrer Farbkünstler. Aber auch unter den Insekten gibt es Farbjongleure.

Der Goldene Schildkrötenkäfer zum Beispiel ist ein solcher. Er verändert die Farben seiner Flügeldecken. Der metallisch glänzende Käfer ist schon von Haus aus ein äußerst auffälliger Genosse. Wenn er aber mit seinem Farbspiel anfängt, möchte man glauben, er sei direkt einer Science-Fiction-Utopie entsprungen.

Die Farbe Gold, die seinem Namen Pate steht, steht für Paarungsbereitschaft. Ist er golden, versucht er ein Weibchen anzuwerben. Und die Weibchen fühlen sich durchaus von der Farbe angezogen. Da ist es wenig erstaunlich, dass er meistens goldfarben ist. Ein allzeit bereites Kerlchen! Befindet sich der Goldene Schildkrötenkäfer in einer Bedrohungslage, verfärben sich seine Flügeldecken rotbraun. Das kommt zum Beispiel auch vor, wenn man ihn in die Hand nimmt. Man entdeckt ihn, da ist er noch golden, dann nimmt man ihn in die Hand, und er färbt sich rotbraun.

Art Gattung Familie Charidotella sexpunctata, Charidotella, Schildkäfer | **Verbreitung** Nord-, Mittel- und Südamerika | **Größe** 5–7 Millimeter Länge | **Habitat** Wald | **Vorkommen** April–Juli | **Ernährung** Larve, Imago: Laub | **Hinter die Ohren schreiben** Käfer sind in allen Belangen Meister ihres Faches! Egal um welche Fähigkeit es geht, es findet sich stets eine Käferart, die sie bestens aus dem Ärmel schüttelt!

46 Goldglänzender Rosenkäfer

Adonis und die sieben Engerlinge

In Anlehnung an Schneewittchen und die sieben Zwerge präsentieren sich hier ein Mr. Beautiful und seine sieben Larven. Der Goldglänzende Rosenkäfer ist eines der auffälligsten, farbenprächtigsten und schönsten Insekten Europas: ein Adonis. Die Farbattitüden seiner kraftstrotzenden Körperoberseite sind metallisch, glänzend und Emaille-artig (nein, das hat nichts mit einer elektronischen Nachricht zu tun) changierend von Grün bis Blaugrün über Blau bis Blauviolett bis hin zu Bronze- und Goldfarben.

Seine Larven, die Engerlinge genannt werden, sind in Wirklichkeit natürlich unzählige mehr als nur sieben, und sie sind äußerst gefräßig, umtriebig und allen voran lukrativ: Rosenkäferengerlinge sind exzellente Kompostveredler. Ein Komposthaufen ist ein kunterbuntes soziokulturelles Edaphon-Milieu, das einer Vielzahl von Mikroorganismen und Kleintieren ein schnuckeliges Zuhause bietet. Unter all den Algen, Bakterien, Strahlenpilzen, Regenwürmern und Asseln fühlen sich die Engerlinge larvenwohl. Ihre Ausscheidungen, zusammen mit denen der Regenwürmer, bilden in Mischung mit Komposterde den wertvollen Dauerhumus, der die in ihm befindlichen Nährstoffe weitestgehend bedarfsgerecht an die Kulturpflanzen abgibt.

Als Imago weist der Goldglänzende Rosenkäfer ein unverkennbares Flugbild auf. Anstatt der Deckflügel kommt lediglich ein darunter liegendes Flügelpaar durch eine Wölbung hinter der Schulter zum Einsatz. Somit fliegt er mit geschlossenen Flügeldecken durch die Lüfte und wird zu einem Flugadonis.

Was für die Ägypter der Heilige Pillendreher (ein Blatthornkäfer) war und für uns der Marienkäfer ist, war für die Kelten der Rosenkäfer: ein Glücksbringer. Wir halten uns lieber an Wilhelm Busch: »Glück entsteht oft durch Aufmerksamkeit in kleinen Dingen, Unglück oft durch Vernachlässigung kleiner Dinge.«

Art Gattung Familie Cetonia aurata, Cetonia, Blatthornkäfer | **Verbreitung** Europa, Mittel- und Südeuropa | **Größe** 14–20 Millimeter Länge | **Habitat** Wald, Garten, Komposthaufen | **Vorkommen** April–Okt. | **Ernährung** Larve: Holzmulm, verrottende Pflanzenteile; Imago: süße Pflanzensäfte, Blütenpollen, zarte Blütenteile | **Hinter die Ohren schreiben** Der Goldglänzende Rosenkäfer ist kein Schädling! Fraßschäden entstehen nur bei massenhaftem Auftreten! In erster Linie ist er mitverantwortlich für den wertvollen Dauerhumus!

47 _ Goldlaufkäfer
In diesem Fall ist alles Gold, was glänzt

Der Goldlaufkäfer, auch Goldschmied genannt, ist wortwörtlich Gold wert. Er ist ein effektiver Schädlingsregulierer und damit ein gern gesehener Gast, zum Beispiel im heimischen Garten. Tagsüber werden Sie den grüngolden schillernden Goldlaufkäfer jedoch kaum zu Gesicht bekommen. Er ist nachtaktiv. Bei Tageslicht versteckt er sich und entspannt gern einmal unter Steinen, Rindenstücken oder Gräsern.

Seine Zeit ist die Nacht. Er ist ein Nachtschwärmer. Auf seinen Raubzügen spielt er nicht weniger als die Gesundheitspolizei. Da wird kurzer Prozess mit Störenfrieden wie der Möhrenfliegenlarve und Co. gemacht, die sich im Gemüsebeet aufhalten und Wurzeln und Stängel fressen, als wären sie mit Karamell gefüllte Marshmallows. Mit dem Goldschmied im Beet bleiben die Gemüsepflanzen gesund und munter. Zumindest hält er sie sauber und sieht nach dem Rechten, indem er Nacht für Nacht die sich tagsüber breitmachenden Schädlinge dezimiert und eliminiert = sich einverleibt = verdaut.

Aber auch was Schnecken angeht, ist er ein Security-Fachmann erster Güte. Diese machen sich besonders gern in der Nacht über frisch gepflanzte Salatsetzlinge her. Wer den Goldschmied jedoch auf seiner Seite hat, der weiß wie eh und je: Schnecken ade, sprießender Salat olé. Goldlaufkäfer sind Spezialisten darin, Schnecken in flagranti zu erwischen und an Ort und Stelle zu verschlingen oder Schneckenhäuser auszuhöhlen.

Der Goldlaufkäfer gilt als Leitart für die Biodiversität der Agrarlandschaft der Zukunft. Die Einheit von Schönheit, Nützlichkeit und Selbstwert ist vorbildlich und steht vielen anderen Insekten Pate. Der Goldschmied ist ein paradigmatischer Paradenützling, der nicht nur für die Käfer dieser Welt die Fahne hisst, sondern insgesamt für alle Insekten, die mit uns auf diesem Planeten leben. Und ja, richtig, uns täglich den Arsch retten.

Art Gattung Familie Carabus auratus, Echte Laufkäfer, Laufkäfer | **Verbreitung** West- und Mitteleuropa | **Größe** 15–30 Millimeter Länge | **Habitat** Felder, Grünland, Waldränder, Brachen, Weinberge, Trockenhänge, Gärten, Auen | **Vorkommen** April–Okt. | **Ernährung** Larve: kleine Insekten und andere Kleintiere; Imago: Insekten, Schnecken, Würmer, Aas, Pilze | **Hinter die Ohren schreiben** Der Goldlaufkäfer ist ein ebenso schöner wie fleißiger Gartenhelfer und ein effektiver Schädlingsregulierer!

EINTAGSFLIEGEN (EPHEMEROPTERA)

48 Große Eintagsfliege
Eintagsfliege ist nicht gleich Eintagsfliege

Treffen sich zwei Eintagsfliegen, sagt die eine: »Na, wie geht's? Was machst du morgen?« Antwortet die andere: »Keine Ahnung, ich bin eher der spontane Typ.« Nicht alle Eintagsfliegen sind im wortwörtlichen Sinne Eintagsfliegen, sprich Fliegen, die nur einen Tag lang leben. Von den rund 3.000 bekannten Arten haben viele eine längere Lebenserwartung. Der Durchschnitt liegt bei zwei bis vier Tagen. Es gibt aber ebenso welche, die mit lediglich ein paar Stunden Lebenszeit auskommen müssen.

Beachten muss man hierbei aber, dass lediglich die Imagines gemeint sind. Die Larven leben immerhin mehrere Jahre. Und zwar im Wasser. Und sie haben mit ihren vergänglichen Eltern, zumindest äußerlich betrachtet, reichlich wenig gemeinsam. Die Große Eintagsfliege, die auch Maifliege genannt wird, trägt ihren Namen jedoch zu Recht, denn sie lebt als Imago im Schnitt tatsächlich nur die namensgebenden 24 Stunden.

Die Männchen der Großen Eintagsfliege fliegen im Gegensatz zu denen der Gemeinen Eintagsfliege (siehe Insekt 35) nicht in Schwärmen umher, sondern einzeln im rhythmischen Hochzeitsflug über feuchte Wiesen und über Baumkronen auf und ab. Die Große Eintagsfliege ist als Larve, Imago und lebloses Tierchen ein Nahrungsmittelgarant für viele Fisch-, Vogel- und Fledermausarten und andere eintagsfliegenliebende Tiere.

Eine weitere, äußerst verbreitete Art der Eintagsfliege ist die Ephemeroptera humanis. Haben Sie bestimmt schon einmal in ihrem näheren Umfeld in Aktion beobachten können. Kosmologisch betrachtet sind wir Menschen in Bezug auf das Alter des Universums (aktuell 13,8 Milliarden Jahre) in der Tat Eintagsfliegen.

Die Unterbrechung unserer Jahrmilliarden andauernden »Nicht-Existenz« namens Leben dauert im Schnitt aktuell zwischen 75 und 85 Jahre. Ein galaktischer Eintagsfliegenschiss! Wer ist hier die Eintagsfliege?

Art Gattung Familie Ephemera danica, Ephemera, Ephemeridae | **Verbreitung** Europa | **Größe** 16–24 Millimeter Länge, 30–50 Millimeter Flügelspannweite | **Habitat** feuchte Biotope in Wassernähe | **Vorkommen** Mai–Aug. | **Ernährung** Larve: Sediment; Imago nimmt keine Nahrung auf | **Hinter die Ohren schreiben** Eintagsfliegen gibt es bereits seit über 200 Millionen Jahren! Menschen knapp 3 Millionen Jahre!

49 Große Kerbameise
Ein Teamplayer auf ganzer Linie

Ameisen beschnuppern sich beim Aufeinandertreffen gegenseitig, um herauszufinden, ob sie Mitglieder des gleichen Ameisenstaates sind. Das Riechen dient der Identifizierung. Mit Pheromonen markieren sie aber auch ihre Wege zu Nahrungsquellen und zum eigenen Bau. Ameisenpfade sind für uns unsichtbar, weil wir sie nicht riechen können. Ameisen hingegen nutzen Duftstoffe, um miteinander zu kommunizieren.

Die Große Kerbameise gehört zu den Waldameisen und nimmt eine wichtige Rolle in den Ökosystemen ein, die sie besiedelt. Sie beackert den Boden, säubert ihn von pflanzlichen wie tierischen Resten und trägt eine Vielzahl an Pflanzensamen spazieren. Sie zählt zu den besonders geschützten Tierarten und wird auf der Roten Liste Deutschlands als gefährdet eingestuft.

Den Bau der Ameisen kennen wir als Ameisenhaufen. Dieser kann bei Großen Kerbameisen eine Höhe von anderthalb Metern erreichen. Er bietet einigen 100.000 Individuen ein Zuhause, wobei die Arbeiterinnen unermüdlich auf Wanderschaft sind. An der Tagesordnung steht das Sammeln von Baumaterial und vor allem Nahrung. Es soll Waldspaziergänger und übermütige Jugendliche geben, die sich einen Spaß daraus machen, so einen Haufen kaputt zu treten. Schämt euch!

Ameisenhaufen sind ausgeklügelte Behausungen aus natürlichen Stoffen mit hochwirksamen Belüftungssystemen und einer verblüffenden Baustatik. Ameisen sind die wahren Riesen der Wälder. Sie vereinen Berufsgruppen wie Baumeister, Gärtner, Weber, Klimatechniker, Pilzzüchter, Jäger und viele mehr. Ameisen leben in einem »Sozialstaat«, der reibungslos funktioniert, indem das Handeln der Individuen geprägt ist von Selbstlosigkeit, Arbeitsteilung und Gemeinsinn. Ameisenstaaten sind eindrucksvolle Superorganismen, die im Reich der Insekten einmalig sind und für die Welt, wie wir sie kennen, unverzichtbar sind.

Art Gattung Familie Formica exsecta, Waldameisen, Ameisen | **Verbreitung** Europa, Asien | **Größe** 7–8 Millimeter Länge | **Habitat** Magerrasen mit einzelnen Gehölzen, Waldlichtungen und -ränder | **Vorkommen** April–Okt.; Winterruhe | **Ernährung** Larve, Imago: Honigtau, Aas, Insekten | **Hinter die Ohren schreiben** Ameisen verkörpern einen Superorganismus! Jede einzelne Ameise ist wie eine Zelle eines einzigen Körpers! Eine Ameisenkönigin kann bis zu 20 Jahre alt werden! Ameisen stehen ganz oben auf der Insekten-retten-täglich-unsere-Welt-Liste!

LIBELLEN (ODONATO)

50 Große Königslibelle
Wenn die Königin fliegt, fliegen alle anderen raus

Wenn die Große Königslibelle auftaucht und das Revier für sich beansprucht, müssen alle anderen Libellenarten abzischen. Wer nicht freiwillig geht, wird energisch vertrieben. In den allermeisten Fällen mit Erfolg.

Die Große Königslibelle ist eine Alleinherrscherin, sie duldet keine anderen Libellenarten um sich herum. Das höchste der Gefühle in Sachen Toleranz sind ein paar wenige Artgenossinnen. Alle anderen: Verzieht euch!

Aber es kommt noch dicker für die anderen Libellenarten. Die Große Königslibelle, allen voran die Männchen, vertilgt schon mal gern ihresgleichen. Es kommt nicht selten vor, dass ungebetene und nicht die Flucht ergreifende, also stur auf ihr vermeintliches Platzrecht bestehende Libellenarten kurzerhand gefressen werden.

Die Große Königslibelle ist nicht nur eine der größten heimischen Libellenarten, sondern auch die dominanteste. Man könnte beinahe von aggressiv sprechen. Aber nicht gegen Menschen oder Vögel. Vor Letzteren hat sie Angst, schließlich ernähren sich viele Vogelarten von Libellen. Und wenn sie sich uns mal nähert, dann aus reiner Neugier. Sie kann weder beißen noch saugen, noch stellt sie irgendeine Art von Gefahr für uns dar.

Wie es sich für eine authentische Edellibelle gehört, hat das Männchen der Großen Königslibelle eine eingeschnürte Taille. Beim Weibchen fehlt diese. Ein einfaches, aber wichtiges Merkmal. Ein weiteres ist der (Nicht-)Paarungstrick des Weibchens. Die Männchen der Großen Königslibelle schnappen sich in der Regel ohne Weiteres im Vorbeiflug ein Weibchen und legen sofort los. Nicht alle Weibchen sind davon begeistert. Also lassen sie ihren Hinterleib hängen und täuschen eine Eiablage vor. Meist funktioniert der Trick sehr gut. Wir Menschen sind also nicht die Einzigen, die im Zusammenhang mit Paarungssituationen fingieren und den Partner lackmeiern, um Nein zu sagen.

Art Gattung Familie Anax imperator, Königslibellen, Edellibellen | **Verbreitung** Europa, Afrika, Asien | **Größe** 70–95 Millimeter Länge, 95–110 Millimeter Flügelspannweite | **Habitat** pflanzenreiche stehende Gewässer | **Vorkommen** Juni–Aug. | **Ernährung** Larve: Insektenlarven, Flohkrebse; Imago: Fliegen, Mücken und andere kleine Fluginsekten | **Hinter die Ohren schreiben** Libellen sind »fliegende Edelsteine«, die als Bioindikatoren gelten!

STEINFLIEGEN (PLECOPTERA)

51 — Große Steinfliege
Die Fliegenfischenfliegenfliege

Flussfische lieben Steinfliegen. Ist man also gewillt, eine Regenbogenforelle zu fischen, so nehme man am besten ein großes, buschiges Steinfliegenmuster. Der Mut zu einer voluminösen Imitation der Großen Steinfliege zahlt sich meistens aus. Sie muss jedoch gut schwimmen (Fliege mit einem Schwimmpräparat einschmieren), das Vorfach sollte angepasst werden (Zwölf-Fuß-Vorfach mit etwa 360 Zentimeter Länge), und Sie müssen aktiv sein (Rhythmus aus Ruhephasen und bewegten Phasen). Viel Erfolg!

Wo es Steinfliegen gibt, lebende und wahrhaftige, da ist das Fließgewässer von bester Qualität. Wo die Wasserqualität schlecht ist, bekommen wir nicht eine einzige Steinfliege zu Gesicht. Steinfliegen sind daher wichtige Indikatororganismen in der Gewässerreinhaltung. Und sie nehmen in denen von ihnen besetzten Ökosystemen eine wichtige Rolle ein!

Wo sie zu Hause sind, gibt es ein lebendiges und artenreiches Vorkommen an Fischen, Vögeln und anderen Tieren. Denn Steinfliegen sind ein wesentlicher Bestandteil der Nahrungskette in Biotopen von Gebirgsbächen und kleinen Flüssen.

Die Große Steinfliege gewinnt, wie auch all ihre Artgenossinnen, wohl kaum einen Schönheitspreis. Man möchte fast sagen, sie seien unansehnlich. Wobei das sicherlich überzogen ist. Es ist schon richtig, sie kommen recht düster rüber, und ihre kontrastarme Färbung trägt auch nicht gerade dazu bei, sie als Hingucker glorifizieren zu können. Und so könnte man meinen, dass die Große Steinfliege letztlich ein nicht beachtenswertes Insekt ist.

Aber weit gefehlt. Steinfliegen sind eine kleine und interessante Insektenordnung, die immer wieder Besonderes zum Vorschein bringt. Wie zum Beispiel das Vorkommen des blauen Blutfarbstoffes Hämocyanin in einer Reihe von Steinfliegenarten. Ihre Atmung beruht also nicht nur ausschließlich auf Tracheenatmung. Das ist ungewöhnlich für Insekten und eine erstaunliche Erkenntnis.

Art Gattung Familie Perla grandis, Perla, Perlidae | **Verbreitung** Europa | **Größe** 20–28 Millimeter Länge, 30–40 Millimeter Flügelspannweite | **Habitat** Gebirgsbäche, kleinere Flüsse | **Vorkommen** Feb.–Juni | **Ernährung** Larve: wirbellose Kleintiere der Gewässersohle; Imago: leben von den eigenen Fettreserven | **Hinter die Ohren schreiben** Steinfliegen sind Indikatororganismen in der Gewässerreinhaltung!

SCHMETTERLINGE (LEPIDOPTERA)

52 — Große Wachsmotte
Her mit dem Plastik!

Die Große Wachsmotte ist ein nachtaktiver Falter, der sich, wie der Name es bereits vermuten lässt, von Wachs, genauer gesagt Bienenwachs ernährt. Als Raupe lebt sie noch von Bodenmull, aber als Imago von Pollenresten und eben Bienenwachs.

Aber die Große Wachsmotte mag es auch künstlich. Sie frisst nämlich auch Plastik, genau genommen Polyethylen. Sicherlich nicht ihre Leibspeise, Insekten bevorzugen in der Regel eine natürliche Ernährung, aber die Große Wachsmotte scheint ein Enzym oder Molekül zu besitzen, das dem Polyethylen an den Kragen geht. Plastik gilt generell als nahezu biologisch nicht abbaubar. Es können Jahrhunderte ins Land gehen, bis es zersetzt wird.

Die Große Wachsmotte legt beim Plastikfressen eine hohe Geschwindigkeit an den Tag: 1.000 Große Wachsmotten können zum Beispiel innerhalb von 24 Stunden knapp 2.000 Milligramm Einkaufstütenplastik zersetzen. Und das macht die Große Wachsmotte womöglich für bedeutende biotechnologische Anwendungen attraktiv. Es geht in erster Linie darum, das entsprechende Molekül oder Enzym zu finden und zu isolieren, um es dann anderweitig zu produzieren und so dem wachsenden Plastikmüll Herr zu werden. Ein stolzes Unterfangen, aber es wäre nicht das erste Mal, dass uns ein Insekt aus der Patsche hilft.

Die Große Wachsmotte ist bereits als »Haustier der Zoologen« bekannt. Sie eignet sich bestens für die Forschung und hat eine lange Versuchstier-Karriere hinter sich. Die Voraussetzungen für die Aufzucht sind überschaubar, das Futter ist preislich günstig, und die Raupen stehen das ganze Jahr zur Verfügung.

Doch nicht nur Forscher haben ein besonderes Faible für die Große Wachsmotte, sondern auch eine ganze Reihe von Fischen. Somit ist die Raupe der Großen Wachsmotte ein beliebter Angelköder. Für Imker hingegen ist sie ein lästiger Schädling. Jede Medaille hat eben auch ihre Kehrseite.

Art Gattung Familie Galleria mellonella, Galleria, Zünsler | **Verbreitung** weltweit | **Größe** 15–25 Millimeter Länge, 20–40 Millimeter Flügelspannweite | **Habitat** unter Bienenstöcken | **Vorkommen** Mai–Okt. | **Ernährung** Raupe: Bodenmull; Imago: Pollenreste, Bienenwachs | **Hinter die Ohren schreiben** Insekten wie die Große Wachsmotte können uns dabei behilflich sein, Probleme wie die Plastikinvasion in den Griff zu kriegen!

53 — Großer Bombardierkäfer
Ein echter Sprengstoff-Experte

Was Charles Darwin wohl gesagt hätte, wenn ihm ein Bombardierkäfer über den Weg gelaufen wäre? Wir wissen es nicht, aber er wäre sicherlich begeistert gewesen. Vielleicht wäre er sogar jubelnd durch sein Mount House gehüpft. Barfüßig! Und in Unterhosen! Aber er hätte auch seine liebe Mühe gehabt, die Sprengstoff-Fähigkeiten des Bombardierkäfers evolutionstheoretisch zu erklären. Der Große Bombardierkäfer und seine Artgenossen sind wahrhaftige Einzelstücke der Evolution. Ihr ausgeklügelter Verteidigungsmechanismus sucht im Tierreich seinesgleichen.

Der Bombardierkäfer erzeugt zwei unterschiedliche Chemikalien, die jede für sich harmlos sind, miteinander vermischt aber ein hochexplosives Gemisch ergeben. Es handelt sich um Wasserstoffperoxid und Hydrochinon. Er produziert diese beiden Stoffe in zwei separaten Kammern seines Hinterleibs, erst bei Bedarf werden sie in eine gemeinsame Kammer geleitet.

Befindet sich der Bombardierkäfer in einer brisanten Bedrohungslage, kommt seine »Popo-Kanone« zum Einsatz. Katalytische Enzyme setzen eine chemische Reaktion in Gang, bei der Hydrochinon zu giftigem Benzochinon oxidiert und Wasserstoffperoxid in Wasser und Sauerstoff gespalten wird. Mit einem lauten Explosionsknall kommt es zu einer »Flash-Verdampfung«, sprich zu einem feinen Sprühnebel, der aus dem Hinterleib des Käfers herausschießt. Die Mischung wird dabei bis zu 100 Grad heiß. Bis zu fünf Schüsse kann der Käfer in schneller Folge hintereinander abfeuern.

Erstaunlich ist dabei das Timing. Die Explosion darf erst ausgelöst werden, wenn die beiden Chemikalien ausgestoßen sind. Würde dies bereits in der Reaktionskammer passieren, wäre der Käfer kein Sprengstoff-Experte, sondern ein Sprengstoff-Selbstmörder. Einen großen Anteil an diesem Präzisionsmechanismus haben die gasdruckabhängigen Eingangs- und Ausgangsventile der Explosionskammer, die einmalig unter Käfern sind.

Art Gattung Familie Brachinus crepitans, Brachinus, Laufkäfer | **Verbreitung** Europa, Asien | **Größe** 6–10 Millimeter Länge | **Habitat** Trockenrasen, trockene Heiden, Felder, Weinberge mit Kalkboden | **Vorkommen** April–Juli | **Ernährung** Larve: Käfer-Puppen; Imago: kleine Insekten | **Hinter die Ohren schreiben** Die Eingangs- und Ausgangsventile der Explosionskammer des Bombardierkäfers werden genauestens untersucht, um den Vorgang der Flash-Verdampfung nachzuvollziehen. Dies kann man zum Beispiel für die Optimierung von Asthmaspray-Dosen nutzen!

54 — Großes Heupferd
Nicht alle Pferde kann man reiten

Das Große Heupferd, auch Grüne Laubheuschrecke genannt, ist ein bemerkenswert großes, in den meisten Fällen leuchtend grünes Insekt. Unter den bekannten Langfühlerschrecken ist es deutschlandweit das größte. Ein wahres Prachtexemplar!

Das Große Heupferd verbringt seine Zeit gern mal auf Plätzen hoch oben über dem Boden in luftiger Höhe. Auf Bäumen zum Beispiel. Dort sitzt das geschlechtsreife Männchen dann bereits ab nachmittags und singt sich bis in die Nachtstunden die Kehle aus dem Leib. Oder bis ein Vogel mit ihm seinen Hunger ein wenig stillt. Schließlich stehen Heuschrecken bei Vögeln hoch im Kurs. Schon allein deswegen ist eine ausgewogene Heuschreckenpopulation und eine gute Schreckenvarietät wichtig für das Leben und Lebenlassen und Fressen und Gefressenwerden auf unserem Planeten.

Das Singen des Großen Heupferds haben wir alle schon einmal gehört. So ein schmuseliges Sommer-Sonne-Feeling in lauem Sommer-Sonne-Abend-Ambiente kommt ja auch erst so richtig auf, wenn im Hintergrund das große Zirpen anfängt. Hunderte, gar Tausende männliche Lüstlinge sorgen für die stimmungsvolle Hintergrundmusik. Aber eigentlich stimmt das so nicht. Große Heupferde singen nicht, Große Heupferde stridulieren. Wie viele »singende« Heuschreckenarten reiben sie ihre Vorderflügel aneinander und erzeugen so das typische Heuschrecken-Schwirren, das meterweit zu hören ist. Steht der Wind günstig, sogar bis zu 100 Meter. Nicht zu verachten.

Mitunter kann ein Großes Heupferd mit seinem vermeintlich gefährlichen Aussehen eine angsteinflößende Wirkung auf uns haben. Doch keine Sorge, sie sind harmlose Insekten, die weder beißen, stechen noch saugen. Dafür erbrechen sie. Wenn Sie ein Großes Heupferd zwischen den Fingern halten, kotzt es zum Gegenangriff. Es erbricht Magensäure. Das Erbrochene ist nicht besonders appetitlich, aber ungefährlich für uns.

Art Gattung Familie Tettigonia viridissima, Heupferde, Tettigoniidae | **Verbreitung** Europa, Asien | **Größe** 28–42 Millimeter Länge, 90–120 Millimeter Flügelspannweite | **Habitat** Wiesen, Parks, Gärten, Trockenrasen, Waldränder | **Vorkommen** Juli–Nov. | **Ernährung** Larve, Imago: Insektenlarven, Insekten, Würmer, kranke und verletzte Artgenossen, Pflanzen | **Hinter die Ohren schreiben** Das Große Heupferd ist in jedem Garten ein ausgesprochen nützlicher Mitbewohner!

SCHNABELKERFE (HEMIPTERA)

55_ Grüne Tannenhoniglaus
Die Tannenhonig-Produzentin

Tannen, in der Regel Weißtannen, produzieren bei guten Witterungsverhältnissen eine süßlich schmeckende Flüssigkeit an den Nadelspitzen. Blattläuse fahren total auf diese Flüssigkeit ab und saugen sich das Zeug rein, als gäbe es kein Morgen. Ihre Ausscheidungen sind entsprechend süß: der Honigtau.

Ja, richtig, Honigtau ist nichts anderes als der Kot von Blattläusen. Da diese sich ausschließlich von Pflanzensäften ernähren, enthalten ihre Ausscheidungen all den überschüssigen Zucker, den sie selbst nicht verwerten können. Ein seltenes Glück und ein Geschenk für Insekt und Mensch.

Bienen sammeln fleißig den süßen Kot der Blattläuse, in diesem Fall der Grünen Tannenhoniglaus. Honigtau ist unter Insekten ein äußerst beliebter, natürlich süßer Saft. Viele Insekten ernähren sich davon oder nutzen ihn als Beikost. Insekten wie die Ameisen halten sich gar Honigtau produzierende Blattläuse als Nutztiere, so wie wir Menschen es mit Kühen, Schweinen oder Ziegen machen. Aber bei Weitem artgerechter und mit der Hingabe einer eierlegenden Wollmilchsau. Die Blattläuse werden regelrecht verhätschelt, denn eine aktive Pflege stimuliert sie zu einer stetigeren Honigtauproduktion. Und das wiederum ist gut für die Ameisen, da sie dann mehr Honigtau zur Verfügung haben.

Und auch wir Menschen lieben Blattläusekacke. Insekten greifen sie direkt ab, wir hingegen machen daraus Honigtauhonig. Der rotbraune bis dunkelbraune Sortenhonig wird vor allem bei uns in Deutschland sehr geschätzt. Er ist in der Regel dunkel, leicht dickflüssig und teurer als zum Beispiel Blütenhonig.

Der König der Honigtauhonige ist der Tannenhonig. Ist dieser heimisch, kommt er praktisch immer aus dem Schwarzwald, wo es genügend Tannen in einem zusammenhängenden Gebiet gibt. So ist der Tannenhonig sortenrein. Er hat einen herb-würzigen Geschmack und besticht mit dem Aroma von Tannennadeln.

Art Gattung Familie Cinara pectinatae, Cinara, Baumläuse | **Verbreitung** Europa | **Größe** 3–5 Millimeter Länge | **Habitat** Tannenwälder | **Vorkommen** Mai–Okt. | **Ernährung** Larve, Imago: Pflanzensäfte | **Hinter die Ohren schreiben** Ohne Baumläuse kein Tannenhonig! Das wäre in der Tat ein herber Verlust! Tannenhonig ist der Honighimmel!

ZWEIFLÜGLER (DIPTERA)

56 _ Gullymücke
Die Toilettenfliege, die eigentlich eine Mücke ist

Die Gullymücke, auch als Abortfliege bekannt, ist ein Zweiflügler, der zu den Schmetterlingsmücken gehört. Entsprechend ist sie eine Mücke und keine Fliege. Die Larven der Abortfliege entwickeln sich in Gullys, organischem Klärschlamm und Bodenabläufen. Kot und Urin ziehen Gullymücken magisch an.

Schmetterlingsmücken haben in der Regel einen herzförmigen Körperumriss, weswegen sie auch als Herzmücken bezeichnet werden. Ihre Flügel sind für Mücken ungewöhnlich stark behaart, was man mit bloßem Auge aber kaum erkennen kann. Die Flügel sind eigentlich mehr Dekoration als Flugextremitäten. Denn Gullymücken, wie auch alle anderen Schmetterlingsmücken, sind schlechte Flieger. Sie fliegen nur sehr kurze Strecken und lediglich dann, wenn sie aufgescheucht werden. Das Ganze hat mehr von einem großen Sprung als von Fliegen.

Die Gullymücke ist ein harmloses Insekt. Weder sticht noch beißt sie uns Menschen. Sie ist lediglich ein Indikator für ungenügende hygienische Bedingungen. In desinfizierten und regelmäßig gesäuberten Gullys, Bodenabläufen und dergleichen haben sie keine Chance, sich zu entwickeln. Sie mögen es dreckig und mit möglichst viel organischer Substanz, also Haaren, Hautschuppen und jeglicher Art körpereigener Ausscheidungen.

Mücken, viele davon Parasiten, haben generell einen schlechten Ruf, manche übertragen Krankheiten. Wozu sind sie also da? In ihrer Gesamtheit sind Mücken jeglicher Art in bestimmten Ökosystemen ein wichtiger Nahrungsgarant. Sie sind ein unentbehrlicher Teil des Nahrungsnetzes. Gäbe es keine Mücken mehr, würde eine Vielzahl an Lebewesen verhungern. Das ganze Ökosystem würde zusammenbrechen. Ohne sie hätte sich die unglaubliche Artenvielfalt niemals entwickeln können. Mücken gehören unbedingt zu den wichtigen Insekten unseres Planeten. Auch wenn sie für uns Menschen oft ein lästiger oder gefährlicher Parasit sein können.

Art Gattung Familie Psychoda grisescens, Psychoda, Schmetterlingsmücken | **Verbreitung** weltweit | **Größe** 1–2 Millimeter Länge, 2–3 Millimeter Flügelspannweite | **Habitat** Toiletten, Bodenabflüsse, Klärschlammanlagen | **Vorkommen** ganzjährig | **Ernährung** Larve, Imago: Kot, Urin, organisches Material | **Hinter die Ohren schreiben** Mücken machen in manchen Ökosystemen die Hälfte der Biomasse aus! Und das nicht grundlos! Höhere Lebewesen sind auf Parasiten als Nahrungsmittel angewiesen!

ZWEIFLÜGLER (DIPTERA)

57 Hainschwebfliege
Eine wandernde Wespe, die keine Wespe ist

Im ersten Moment kann man die Hainschwebfliege für eine Wespe halten. Ihre Zeichnung ist zum Verwechseln ähnlich. Pure Absicht! Eine Täuschungsmaßnahme, die im Insektenreich äußerst beliebt ist: sich für jemanden ausgeben, der man nicht ist, und so tun als ob, um möglichst vielen Fressfeinden zu imponieren, sprich sie auf Abstand zu halten.

In der Fachsprache heißt das Ganze dann Mimikry. Schwebfliegen sind für diese Art der Tarnung bekannt und damit äußerst erfolgreich. In etwa jede vierte Schwebfliegenart imitiert eine Wespe oder Honigbiene. Vordergründig im Aussehen. Und dabei gilt das Größen-Perfektionismus-Modell. Je größer und fetter eine Schwebfliege ist, desto »perfekter« sollte sie einer Wespe oder Honigbiene ähneln. Hingegen reicht kleineren Arten eine ungenaue Nachahmung. Der Grund hierfür ist einfach: Vögel mögen Wespen und Bienen nicht besonders gern, selten machen sie diese Hautflügler zur Beute. Hingegen lieben sie Fliegen! Zweiflügler stehen weit oben auf ihrer Ernährungsliste. Und je größer ein Fliegenexemplar ist, desto attraktiver ist es für den Vogel. Auf der anderen Seite besteht bei steigender Größe des Opfers auch das Risiko, im Zweifel nach einer Wespe zu schnappen. Je stärker also die dicken Brummer unter den Schwebfliegen den Wespen ähneln, desto höher sind die Chancen, von einem Vogel links liegen gelassen zu werden. Unterhaltsame Facetten des Fressen-und-gefressen-werden-Spiels.

Die Hainschwebwespe ist, wie alle anderen Schwebfliegen, ein intensiver Blütenbesucher. Dabei ist sie nicht wählerisch und keineswegs an eine bestimmte Blüte gebunden. Die Larven hingegen ernähren sich räuberisch. Auf dem Speiseplan stehen vor allem Blut- und Blattläuse.

Die Hainschwebfliege hat das Wandern gern. Sie führt saisonale Wanderungen durch, die sie von Mitteleuropa in die Mittelmeerregion führen, die sie als Winterquartier nutzt.

Art Gattung Familie Episyrphus balteatus, Episyrphus, Schwebfliege | **Verbreitung** Europa, Asien, Nordamerika | **Größe** 7–12 Millimeter Länge, 12–18 Millimeter Flügelspannweite | **Habitat** Gärten, Waldränder, Felder, Parks, Wiesen | **Vorkommen** März–Okt., begattete Weibchen überwintern | **Ernährung** Larve: Blut- und Blattläuse; Imago: Nektar, Pollen | **Hinter die Ohren schreiben** Schwebfliegen sind wahre Nachahmungskünstler und gehören zu der großen Gruppe der Bestäuber!

58 Haubenfangschrecke
Gäste aus fernen Galaxien?

Insekten haben gern mal den Ruf, aus einer ganz anderen Welt zu stammen. Was genau genommen auch stimmt. Jedenfalls haben sie mit unserer Welt – zumindest so, wie wir sie erleben und in ihr leben – reichlich wenig zu tun. Ja, sie sind die Garanten des Lebens auf dem Planeten Erde und retten täglich unsere Welt, indem sie das ökologische Gleichgewicht stabil halten und für Nahrung sorgen. Aber ansonsten ist uns die Welt der Insekten doch sehr fremd, und wir verstehen noch nicht einmal einen Bruchteil davon.

Hinzu kommt das Aussehen. Nicht selten blicken wir Insekten an und staunen nicht schlecht, dass sie tatsächlich von dieser Erde sind. Vielmehr sehen sie aus, als seien sie Lebewesen aus einer fremden Galaxie.

Was ja irrwitzig ist, schließlich hat noch kein Mensch ein Lebewesen aus einer anderen Galaxie zu Gesicht bekommen. Entsprechend ist die Assoziation, dass ein Insekt wie eine außerirdische Lebensform aussieht, schlichtweg skurril. Sieht man sich die Haubenfangschrecke an, wird klar, warum man dennoch diese Art von Gedanken hat. Die Haubenfangschrecke ist eines der Paradebeispiele innerhalb der Gottesanbeterinnen für ein Alien-artiges Insekt.

Ihre ganze Form schreit nach außerirdischer Lebensform: der dünne, lang gezogene Körper, die langen, segmentierten Stand- und Fangbeine, der dämonische Kopf.

Ebenso fremdartig wirkt das gesamte Verhaltens- und Bewegungsrepertoire, wie auch die Jagd-, Fang- und Fresstechnik (zum Beispiel das klappmesserartige Bewegen der mit Dornen besetzten Schiene oder das blitzschnelle Packen einer Beute, das schneller ist als ein menschlicher Lidschlag).

Die Haubenfangschrecke ist überdies pink und grün gefärbt. Es gibt ja allerlei Farben im Insektenreich, aber Pink, das ist in der Tat kaum verbreitet. Ein Alleinstellungsmerkmal. Wie auch die eigenwillig geformte Haube auf dem Kopf, der sie ihren Namen verdankt.

Art Gattung Familie Empusa pennata, Empusa, Mantodea | **Verbreitung** östliches Südeuropa | **Größe** 50–80 Millimeter Länge; 55–85 Millimeter Flügelspannweite | **Habitat** Trockenwiesen, Graslandschaften | **Vorkommen** ganzjährig | **Ernährung** Larve, Imago: kleine Fluginsekten | **Hinter die Ohren schreiben** Sowohl als Larve als auch als Imago erbeuten Gottesanbeterinnen eine immense Anzahl an potenziellen Schadinsekten und erbringen somit einen wertvollen Beitrag zum ökologischen Gleichgewicht!

59 Heiliger Pillendreher
Eine Kugel Scheiße, bitte!

Klein, oval und schokoladig. Nein, das ist nicht der Heilige Pillendreher, sondern ein Überraschungsei. Der Heilige Pillendreher ist zwar klein und oval gebaut, aber aus Schokolade ist er nicht. Und wenn doch, dann wäre er aus herber, dunkler Schokolade, denn er ist pechschwarz. Wobei er oft eine grünliche Schattierung besitzt.

Ist der Heilige Pillendreher heilig oder heiliggesprochen worden? Die Frage ist berechtigt, schließlich gibt es nicht viele Tiere, die das Prädikat »heilig« in ihrem Namen tragen. Gibt es überhaupt irgendein anderes Tier oder Insekt?

Heilige Tiere gibt es viele. Je nachdem welche Kultur man zurate zieht, ist es mal die Kuh (Indien), der Elefant (Thailand), der Jaguar (Mexiko), das Wildschwein (Nordeuropa) oder der Tiger (China). In Deutschland haben wir kein heiliges Tier. Unsere Hunde und Katzen sind uns zwar heilig, aber wir verehren sie nicht als lebende Götter-Manifestationen.

Der Heilige Pillendreher gehört zur Gattung Scarabaeus und wurde, wie auch andere Arten dieser Gattung, im Alten Ägypten verehrt. Genau genommen sahen die Menschen in ihm ein Symbol der Auferstehung. Entsprechend gaben sie den Toten Käferamulette und dergleichen mit auf den Weg ins Jenseits. Ob es geholfen hat? Bestimmt!

Wie eine ganze Reihe von Blatthornkäfern ist der Heilige Pillendreher für das »Entkoten« der Welt verantwortlich. Er isst für sein Leben gern Scheiße. Und zwar die von pflanzenfressenden Säugetieren, sprich Dung. Dazu rollt er sich eine sogenannte Dungkugel zusammen, vergräbt diese im Boden und verzehrt sie anschließend ungestört in aller Ruhe.

Das »Entkoten« ist eine wichtige Aufgabe, denn sonst würden wir in Dung ersticken. Der Heilige Pillendreher ist also durchaus heiligzusprechen. Er ist ein exzellenter Nützling und hat eine bedeutende Funktion im natürlichen Kreislauf.

Art Gattung Familie Scarabaeus sacer, Scarabaeus, Blatthornkäfer | Verbreitung Südeuropa, Afrika, Südamerika | Größe 25–30 Millimeter Länge | Habitat Savannen, Halbwüsten | Vorkommen ganzjährig | Ernährung Larve, Imago: Dung | Hinter die Ohren schreiben Der Heilige Pillendreher ist in der Tat ein Heiliger, er hält uns den Dung vom Leib!

ZWEIFLÜGLER (DIPTERA)

60 — Helle Tanzfliege
Dance-Battle im Fliegenreich

Die helle Tanzfliege ist, wie alle Tanzfliegen, ein Gesellschaftstänzer erster Güte. Pünktlich zur Paarungszeit finden Tanzveranstaltungen statt, bei denen die Post abgeht. Männchen auf der einen Seite, Weibchen auf der anderen. Es wird jeweils in großen Gruppen getanzt, sprich in Schwärmen.

Für uns Menschen sehen die Flugtanzeinlagen wie ein großes, chaotisches Wirrwarr aus. In Wahrheit sind die kurvenreichen Tänze, die gern auch mal abrupt zickzackartig verlaufen, alles andere als Chaos. Es kommt in der Luft zu keinen Crashs oder dergleichen, und alle Bewegungen sind so gewollt. Hier ist nichts dem Zufall überlassen. Das ist pure Intuition und Selbstbeherrschung im Sinne des Flow-Zustandes.

Die Männchen haben sich etwas Besonderes einfallen lassen: ein Brautgeschenk! Meist ist es ein kleines, possierliches Insekt, das sie unverpackt oder aber auch in eigens produzierte Spinnfäden eingewickelt dem Weibchen anbieten. Nimmt das Weibchen an, heißt es ran an den Speck, sprich die Braut. Während das Weibchen das Brautgeschenk aussaugt, geht ihr das Männchen an die Wäsche. Das Brautgeschenk ist nicht uneigennützig gedacht, denn Weibchen neigen ab und an zum Kannibalismus. Präsentiert das Männchen also ein essbares Mitbringsel, so muss es sich nicht darum sorgen, vom Weibchen gefressen zu werden.

Die Helle Tanzfliege kommt häufig vor und ist ein fleißiges Insekt. Den ganzen lieben Tag lang ist sie aktiv und besucht eine Blüte nach der anderen. Mag das Weibchen als Brautgeschenk eine proteinreiche Mahlzeit, ernährt sich die erwachsene Helle Tanzfliege sonst überwiegend von Blütennektar.

Dolcefarniente ist nichts für die Helle Tanzfliege. Unermüdlich fliegt sie nonstop umher, macht nur wenig längere Pausen, in denen sie sich ausruht. Ihr langer, herausstehender Saugrüssel ist ihr Erkennungsmerkmal und Ernährungsinstrument.

Art Gattung Familie Empis livida, Empis, Tanzfliegen | **Verbreitung** Mittel- und Nordeuropa | **Größe** 8–11 Millimeter Länge, 15–20 Millimeter Flügelspannweite | **Habitat** feuchte Wiesen, Waldränder, Waldlichtungen | **Vorkommen** Mai–Sept. | **Ernährung** Larve: kleine Insekten; Imago: überwiegend Nektar, kleine Insekten | **Hinter die Ohren schreiben** Tanzfliegen sind nicht nur großartige Tänzer, sondern auch willkommene Blütenbestäuber!

61 — Hirschkäfer
Vollkommen besoffen auf dem Waldboden

Ein betrunkener Käfer? Gibt es nicht? Gibt es doch! Eine beliebte Nahrungsquelle des Hirschkäfers ist der süße Baumrindenwundsaft. Eine Zuckerbombe! Doch Obacht, denn an der Oberfläche der Wunden halten sich Mikroorganismen auf, die den Zucker vergären lassen. Und bei der Vergärung entsteht was? Genau, Alkohol! Die Hirschkäfer lecken sich also die Zunge wund und fallen dann völlig besoffen zu Boden. Der Hirschkäfer, der seinen Namen aufgrund der auffälligen geweihartigen Mandibeln der Männchen erhalten hat, gilt gemeinhin als Indikator für intakte und natürliche Wälder. Die Larven des Hirschkäfers wandeln das Totholz der Wälder in Humus um. Als Imago dient der Hirschkäfer vielen anderen Tieren als proteinreiche Nahrung.

Er ist der größte Käfer Deutschlands, selten und stark gefährdet. Die Larven benötigen zwischen drei und acht Jahren, bis sie herangewachsen sind. In etwa 20 Zentimeter Tiefe bauen sie sich eine Puppenwiege. Ein faustgroßer, ovaler Kokon aus Mulm und Erde. Gut sechs Wochen nach der Verpuppung schlüpfen die Käfer. Den Winter über bleiben sie jedoch im Boden, erst im Frühjahr graben sie sich nach oben. Als erwachsene Käfer oberhalb des Bodens leben sie dann lediglich ein paar Wochen.

Der Hirschkäfer ist ein gutes Beispiel, wie wir Menschen Insektenarten in die Knie zwingen, die für das gesamte Ökosystem von großer Bedeutung sind. Durch die Intensivierung der Forstwirtschaft gibt es immer weniger geeignete Brutsubstrate. Zusätzlich herrscht ein Mangel an Saftleckstellen.

Der Hirschkäfer gilt als teuerstes Insekt der Welt. Ein japanischer Züchter verkaufte einen seiner Hirschkäfer, der deutlich länger als seine Artgenossen war, für knapp 80.000 Euro. Ein wahres Schnäppchen! Im Kölner Dom in der Marienkapelle auf dem Altarbild des Malers Stefan Lochner befindet sich auf dem rechten Außenflügel ein Insekt: ein Hirschkäfer!

Art Gattung Familie Lucanus cervus, Lucanus, Schröter | **Verbreitung** Mitteleuropa | **Größe** 35–75 Millimeter Länge | **Habitat** Wald, Obstwiesen, Parks | **Vorkommen** Mai–Aug. | **Ernährung** Larve: morndes Holz; Imago: Pflanzensäfte | **Hinter die Ohren schreiben** Der Hirschkäfer hält unsere Waldböden gesund!

HAUTFLÜGLER (HYMENOPTERA)

62 — Holzwespen-Schlupfwespe
Ein Parasit von größtem Nutzen

Schlupfwespen sind im Allgemeinen filigrane und zerbrechliche Kreaturen, die mit ihren ebenso schlanken wie zarten Körperchen feengleich durch die Lüfte schwirren. Die Holzwespen-Schlupfwespe ist in dieser Hinsicht ein wahres Prachtstück. Ein feingliedriges und nuanciertes Geschöpf, das sinnlich und sanft im Einklang mit seiner Umgebung lebt und keinem was zuleide tut. Nun ja, fast keinem.

Die Holzwespen-Schlupfwespe ist ein Parasit. Für Mensch und Pflanzen ist sie vollkommen ungefährlich. Weder sticht sie uns und saugt unser Blut ein, noch beißt sie unser Obst kaputt oder überträgt Krankheiten. Im Gegenteil, sie hat es auf Motten, Käfer und Läuse abgesehen, die bei uns einen schlechten Ruf als Schädlinge besitzen. Und so erweist sie uns tagtäglich einen Dienst auf den Ernteböden der Republik.

Die Holzwespen-Schlupfwespe nutzt eine besondere Taktik bei der Eiablage. Das Weibchen hat einen hocheffizienten Riechapparat. Sie schnuppert am Holz und sucht nach Larven anderer Holzwespenarten oder Bockkäferarten. Einmal identifiziert, fängt das Bohren an. Mit ihrem ewig langen Legestachel dringt sie in einem minutenlangen Prozess durch das Holz und legt die wertvolle Eierfracht direkt neben den lokalisierten Larven der Wirtstiere ab. Die geschlüpfte Larve mampft dann so lange von den Wirtslarven, bis sie sich verpuppt. Nach dem Schlüpfen nagt sie sich durch das Holz ins Freie.

Blattläuse fürchten sich fürchterlich vor der Holzwespen-Schlupfwespe. Denn diese legt quasi für ihr Leben gern im Akkord Eier auf Blattläusen ab. Innerhalb weniger Tage schlüpfen die Larven aus den Eiern und höhlen die Läuse bei lebendigem Leibe aus. Schlecht für die Läuse, aber gut für blattlausgeplagte Zweibeiner. Entsprechend werden Holzwespen-Schlupfwespen in vielen Fällen gezielt als biologischer Schädlingsbekämpfer eingesetzt.

Art Gattung Familie Rhyssa persuasoria, Rhyssa, Schlupfwespen | **Verbreitung** Europa, Nordamerika, Asien | **Größe** 18–35 Millimeter Länge, 30–55 Millimeter Flügelspannweite | **Habitat** Lichtungen, Schneisen, Waldwege | **Vorkommen** April–Aug. | **Ernährung** Larve: diverse Käferlarven; Imago: Honigtau | **Hinter die Ohren schreiben** In Museen kommen kleinste Schlupfwespenarten (halber Millimeter) zum Einsatz, um Mottenpopulationen einzudämmen!

ZWEIFLÜGLER (DIPTERA)

63 Hottentottenfliege
Der Name ist Programm

Hottentotten? Das war zur Kolonialzeit die Bezeichnung einer afrikanischen Völkerfamilie. Und zwar abwertend rassistisch gemeint. Heute kennen wir den Begriff überwiegend im Sinne einer Redewendung. Zum Beispiel: »Hier sieht's ja aus wie bei den Hottentotten.« Der Ausdruck wird dabei in der Bedeutung von Chaos, größte Unordnung, völliges Durcheinander und undiszipliniertes, zügelloses Verhalten gebraucht.

Sie könnten zum Beispiel sagen: »Dieser Hottentottentext über die Hottentottenfliege ist Hottentottenmist, da blättere ich gleich mal die Seite um!« Machen Sie aber nicht, wir sind hier ja schließlich nicht bei den Hottentotten! Und die Hottentottenfliege hat nicht nur einen außergewöhnlichen Hottentottennamen, sondern ist ein Wollschweber der besonderen Hottentottenart, der es hottentottendick hinter den Ohren hat.

Die Hottentottenfliege ist gefürchtet. Und zwar von den Schmetterlingsarten, insbesondere dem Eulenfalter. Die Larven des flauschigen, hummelartig behaarten Brummers leben, wie alle anderen Wollschweber, als Parasitoide. Als Wirt dienen Eulenfalterraupen. Die Larven sind Brutparasiten und legen ein zügellos mörderisches Verhalten an den Tag: Sie höhlen die Raupen aus – und hinterlassen ein Chaos. Stichwort Hottentotten!

Im Gegensatz zu vielen anderen Wollschwebern besitzt die Hottentottenfliege einen mickrigen Rüssel. Von oben betrachtet ist er nicht einmal zu sehen. Das erschwert die Nahrungsaufnahme. Erwachsene Wollschweber ernähren sich ausschließlich von Nektar und Blütenpollen. Ein Schwirrflug in den Blütenkelch ist entsprechend nicht die bevorzugte Variante der Hottentottenfliege, sie muss quasi ganz dicht herankrabbeln. Ein ungewöhnliches Verhalten für Wollschweber, aber die Hottentottenfliege ist eben kein normaler Wollschweber. Und was macht eine Hottentottenfliege am liebsten? Genau, sonnenbaden!

Art Gattung Familie Villa hottentotta, Villa, Wollschweber | **Verbreitung** Süd- und Mitteleuropa | **Größe** 11–19 Millimeter Länge, 25–35 Millimeter Flügelspannweite | **Habitat** Weg- und Waldränder, Gärten, Lichtungen, Wiesen | **Vorkommen** Juni–Okt. | **Ernährung** Larve: Schmetterlingsraupen; Imago: Nektar, Pollen | **Hinter die Ohren schreiben** Als Larve parasitär lebend, zählt die Hottentottenfliege als Imago zum faszinierenden Kreis der Bestäuberinsekten!

LIBELLEN (ODONATO)

64 Hufeisen-Azurjungfer
Wie Romeo über seine Julia wacht

Libellen sind wunderschöne Insekten. Das würden wohl die meisten unterschreiben. Kaum einer würde das Gegenteil behaupten. Libellen werden ähnlich wie Schmetterlinge als evolutionäre Kunstwerke angesehen. Kaum verbindet man mit ihnen etwas Negatives. Sie sind schön anzusehen, haben filigrane Körper, oft spektakuläre Farben und sind elegante Flieger. Und wer noch ein bisschen tiefer geht, der weiß, dass Libellen fleischfressende Raubtiere sind und eine wichtige Rolle im Ökosystem einnehmen, unter anderem weil sie eine Vielzahl von Stechmücken und dergleichen verspeisen.

Die Hufeisen-Azurjungfer ist eine der häufigsten heimischen Schlanklibellen. Zwar kann man sie von vielen anderen Azurjungfern-Arten nur bei genauem Hinsehen unterscheiden, aber sie sind den meisten von uns sicherlich schon einmal über den Weg geflogen. Und das vielleicht sogar in einem Tandemflug von Weibchen und Männchen. Was es damit auf sich hat?

Männchen halten von einem Ansitz aus oder auch direkt im Flug nach einem Weibchen Ausschau. Machen sie eines ausfindig, packen sie es am Hinterkopf und fliegen im Tandemflug eine geeignete Stelle für die Paarungsprozedur an. Dort angekommen, dockt das paarungswillige Weibchen seinerseits beim Männchen an, was als Paarungsrad bekannt ist. Eine Paarungsformation, in der sie grundsätzlich auch fliegen könnten, was dann so was wie der »Tandempaarungsradflug« wäre.

Nach der Paarung fliegen sie wieder im Tandemflug zum nächsten Gewässer. Dort sticht das Weibchen die Eier in geeignete Substrate. Zeitgleich wacht das Männchen mit Argusaugen nach Fressfeinden. Eine gefährliche Nummer, denn überall lauern Vögel und Co. mit Appetit auf Libellen. Bemerkt das Männchen einen Fressfeind, macht es ein paar kräftige Flügelschläge und zieht das Weibchen aus der Wassernähe. Und kann somit beide vor dem Gefressen-Werden retten. Was für ein Held!

Art Gattung Familie Coenagrion puella, Azurjungfern, Schlanklibellen | **Verbreitung** Europa, Asien, Afrika | **Größe** 30–35 Millimeter Länge, 40–50 Millimeter Flügelspannweite | **Habitat** alle Gewässerarten | **Vorkommen** Mai–Okt. | **Ernährung** Larve: Mückenlarven; Imago: kleine Fluginsekten | **Hinter die Ohren schreiben** Libellen sind reine Wassertiere und stehen unter Naturschutz! Sie sind für den Menschen gänzlich ungefährlich und helfen täglich dabei mit, unsere Welt zu retten!

65 Hylaeus nigritus

Keine Härchen, dafür ordentlich Speichel

Ein elfenbeinweißer, glänzender Kopfschild macht die Männchen der Maskenbiene Hylaeus nigritus zu einem absoluten Hingucker. Die allermeisten Maskenbienen-Arten haben eine deutlich ausgebildete gelbe oder weiße Gesichtsmaske. Aber diese ist selbst für eine Maskenbiene etwas Besonderes.

Die große Mehrzahl der Maskenbienen sammelt unspezialisiert an verschiedensten Pflanzen Nahrung. Doch die Hylaeus nigritus bildet auch hier eine Ausnahme. Sie ist eine oligolektische Art, sprich ein Blütenpollenspezialist. Sämtliche Weibchen im gesamten Verbreitungsgebiet sammeln ausschließlich Blütenpollen von Korbblütlern. Damit sind sie die Nummer-eins-Bestäuber dieser Pflanzenart. Eine bemerkenswerte Spezialisierung. Der Flugstil der Maskenbienen ist auffällig, um nicht kurios zu sagen. Oft scheint es so, als würden sie von einer Pflanze zur anderen springen, statt zu fliegen. Dabei sind sie ausgezeichnete Flieger, die täglich viele Stunden in der Luft verbringen und von Blüte zurück zum Nest oder andersherum ein perfektes Flugverhalten an den Tag legen.

Maskenbienen im Allgemeinen, so auch die Hylaeus nigritus, sind kaum einen Zentimeter groß, unbehaart und abgesehen von den gelben oder weißen Flecken komplett schwarz, sodass sie gern auch mal mit einer Fliege verwechselt werden. Dass sie unbehaart sind, und zwar auch am Hinterleib und an den Hinterbeinen, ist untypisch für eine Wildbiene. Es macht ihr unmöglich, die gesammelten Blütenpollen zu tragen. Bei den meisten Wildbienenarten bleibt der Pollen an ebendiesen Härchen kleben. Ohne Härchen also keine Blütenpollen für den Nachwuchs?

Weit gefehlt! Die Maskenbienen bedienen sich einer anderen Methode. Sie schlucken den Blütenpollen, verwahren ihn in einer Art Kropf und spucken ihn gemeinsam mit dem gesammelten Blütennektar für ihre Nachkommen wieder aus. Lecker feuchtes, süßes Speichel-Blütennektar-Blütenpollen-Gemisch!

Art Gattung Familie Hylaeus nigritus, Hylaeus, Colletidae | **Verbreitung** Europa | **Größe** 6–10 Millimeter Länge, 10–15 Millimeter Flügelspannweite | **Habitat** Gärten und Parks, Weinberge, Steinbrüche, Ruderalflächen | **Vorkommen** Mai–Okt. | **Ernährung** Larve, Imago: Nektar, Pollen | **Hinter die Ohren schreiben** Maskenbienen gehören zu den Wildbienen! Es gibt nur eine domestizierte Bienenart, und zwar die Honigbiene! Alle anderen werden als Wildbienen bezeichnet!

66 Kartoffelkäfer
Der beste Freund und Feind der Kartoffel

Der Kartoffelkäfer ist ein unverwechselbares Insekt. Ein Insekt, das wie gemalt daherkommt. Mit Strich und Pinsel. Der Kartoffelkäfer ist matt-leuchtend gelb. Er hat einen dunkel gepunkteten Kopf und Halsschild. Am auffälligsten ist aber die dunkle Längsstreifenbemalung auf den Flügeldecken. Es sind genau zehn Streifen. Ausnahmslos. Diese Kombination aus Farbe und Muster ist unter den Käfern einmalig. Wüsste man es nicht besser, könnte man ihn glatt mit einem Zebra verwechseln. Oder einem Streifenhörnchen.

Also nein, der Kartoffelkäfer sieht nicht aus wie eine Kartoffel. Weder wie eine Adretta, eine Agria, eine Bintje, ein Bamberger Hörnla, noch wie eine Marabel, eine Ora, eine Sieglinde oder eine Toscana. Der Kartoffelkäfer liebt schlicht und ergreifend Nachtschattengewächse, insbesondere die Kartoffel. Und so verpasste man ihm das Kartoffel-Präfix.

Wenn er wüsste, dass Nachtschattengewächse den Organismus schwächen, mit all ihren Giftstoffen, würde er wohl die Pflanzenart wechseln. Aber das Gegenteil ist der Fall, er kriegt oft nicht genug und kann sich nicht zurückhalten.

Es kommt gar nicht mal so selten vor, dass er es mit der Liebe zur Kartoffel übertreibt. Wenn es zu einer Populationsexplosion kommt, heißt das oft: Kartoffelfeld kaputt. Der Schadfraß hat in früheren Zeiten sogar zu Hungerkatastrophen geführt – auf Menschenseite. Entsprechend gilt der Kartoffelkäfer, wie viele Blattkäfer, als Schädling und als Missetäter, dem man meist mit der Chemiekeule an den Kragen geht.

Ja, der Kartoffelkäfer und viele seiner Blattkäferkollegen können Schaden anrichten. Vor allem auf Kartoffelacker-Monokulturen. Andererseits wird ihre Population in der freien Natur reguliert. Und zwar von Raupenfliegen, Schlupfwespen, Schwebefliegen, Milben, aber auch von Vögeln, Maulwürfen, Igeln, Spitzmäusen und Fledermäusen. Ein gefundenes Fressen also.

Art Gattung Familie Leptinotarsa decemlineata, Leptinotarsa, Blattkäfer | **Verbreitung** weltweit | **Größe** 7–15 Millimeter Länge | **Habitat** Gärten, Laubwälder, Kartoffelfelder | **Vorkommen** April–Aug. | **Ernährung** Larve, Imago: Kartoffelpflanze, andere Nutzpflanzen-Nachtschattengewächse wie Tomaten, Tabak, Paprika, Chili, Aubergine | **Hinter die Ohren schreiben** Blattkäfer sind für uns meist Schädlinge, für viele Tiere aber ein wichtiges Nahrungsmittel!

GOTTESANBETERINNEN (MANTODEA)

67 Kleine Fangschrecke
Klein und friedlich, auch nach der Fortpflanzung

Gottesanbeterinnen sind bekannt dafür, dass sie nach dem Liebesspiel ihren Partner auffressen (was aber nicht zwangsläufig jedes Mal der Fall ist, ab und an jedoch auch unabhängig von der Paarung vorkommt). Schließlich kostet der Akt viel Energie, und die muss wieder zugeführt werden. Außerdem ist es praktisch, nach dem Sex nicht stundenlang auf die Pirsch gehen zu müssen, sondern die Mahlzeit direkt vor sich zu haben. Und letztlich schmeckt eine Gottesanbeterin deliziös und wartet mit jeder Menge nahrhaften Nährstoffen auf.

Die Gründe, das eigene Männchen zu fressen, sind also durchaus plausibel. Makaber? Unter Insekten ist der aktive (wie auch passive) Kannibalismus weit verbreitet. Ein Nahrungstabu kennt man im Reich der Insekten nicht. Aber wer denkt, dass sich alle Gottesanbeterinnen-Arten ein opulentes Hochzeitsmahl auftischen, hat sich getäuscht. Die Kleine Fangschrecke ist eine der wenigen bekannten Arten, die Gnade walten lässt. Zumindest in den allermeisten Fällen. Das eine oder andere schwarze Schaf ist auch unter den Kleinen Fangschrecken dabei. In der Regel heißt es nach der Paarung aber, danke, tschüss und schönes Leben noch.

Aufgrund ihrer geringen Größe (mit die kleinste Gottesanbeterinnen-Art) und ihrer langen Beine ist die Kleine Gottesanbeterin im Vergleich zu ihren größeren Verwandten eine exzellente Springerin und eine pfeilschnelle Läuferin. Sie zählt zu den beweglichsten Arten ihrer Zunft und gleitet förmlich durch das Blattwerk in geringer Höhe über dem Boden.

Schon mal von einer Oothek gehört? Nein, nicht Diskothek, sondern Oothek (o-o-thek ausgesprochen)! So nennt man den »Eiersack« von Schaben und Fangschrecken. Eine Art Kokon, in den die Weibchen ihre Eier legen. Er schützt die Eier vor Fressfeinden, aber auch vor der Witterung. Fangschrecken kleben diese schwammartigen, kompakten Eierpakete an Pflanzen und Bäume.

Art Gattung Familie Ameles spallanzania, Ameles, Mantidae | Verbreitung europäisches Mittelmeergebiet | Größe 18–25 Millimeter Länge; 10–30 Millimeter Flügelspannweite | Habitat trockene, buschige Landschaften | Vorkommen ganzjährig | Ernährung Larve, Imago: kleine Fluginsekten | Hinter die Ohren schreiben Der Kopulationskannibalismus der Gottesanbeterin ist evolutionär betrachtet ein cleverer Kniff! Weibchen, die ihre Männchen fressen, legen mehr Eier!

KÄFER (COLEOPTERA)

68 Kleiner Leuchtkäfer
Kriegen Glühwürmchen beim Glühen einen heißen Po?

Glühwürmchen, Johanniswürmchen oder Kleiner Leuchtkäfer? Das ist hier die Frage. Dabei ist die Antwort simpel: alle drei zusammen! Glühwürmchen sind keine Würmer, sondern Käfer mit sechs Beinchen. Unsere Vorfahren wussten es nicht besser, und bei flüchtiger Betrachtung geht der Leuchtkäfer locker als eine Art Wurm durch. Ist er aber nicht. Oder haben Sie schon mal einen Wurm mit Beinen über den Rasen laufen sehen?

Der Kleine Leuchtkäfer und all seine Artgenossen sind seit jeher Verfechter der Sentenz des römischen Dichters Horaz: carpe diem. Sie leben jede Nacht, als gäbe es kein Morgen. Und für viele, vor allem männliche Glühwürmchen, ist das die nackte Wahrheit. Denn für ein glühendes Schäferstündchen setzen manche Arten Nacht für Nacht ihr Leben aufs Spiel. Sie werden von Weibchen verwandter Arten durch Leuchten angelockt, um dann nichts ahnend oder besser gesagt mit glühender Wollust verspeist zu werden.

Hoffnungslose Romantiker, würden die einen sagen, himmlisch verschwenderisch stimmungsvoll die anderen: Ausgewachsene Käfer leben von Luft und Liebe. Und zwar wortwörtlich. Sie fressen nichts. Zehren von ihren Fettreserven, bis das Licht ausgeht. Die Romeos und Julias unter den Insekten!

Das Glühwürmchen ist aber vor allem in einer Disziplin unangefochtener Weltmeister. Es gehört zu den wenigen an Land lebenden Tieren, die die Fähigkeit zur Biolumineszenz besitzen. Seine Zellen erzeugen eigenständig Licht. Und zwar mit einer Effizienz von 95 Prozent. Eine handelsübliche Glühbirne liegt bei etwa fünf Prozent, den Rest gibt sie als Wärme ab. Lieber Thomas Edison, Pech gehabt! Und alle anderen auch. Bis heute gelingt es keiner künstlich hergestellten Lichtquelle, diese Effizienz zu erreichen.

Ein Leuchten wie von fernen Erdsternen, die Zerbrechlichkeit des Universums innehabend in Form kosmischen Staubs – verfliege, verheiße, verglühe: ALLES WIRD LICHT!

Art Gattung Familie Lamprohiza splendidula, Lamprohiza, Leuchtkäfer | **Verbreitung** Europa, Asien | **Größe** 8–10 Millimeter Länge | **Habitat** Wiesen, Gärten, Parkanlagen | **Vorkommen** Mai–Aug. | **Ernährung** Larve: Schnecken; Imago: keine Nahrungsaufnahme | **Hinter die Ohren schreiben** Glühkäfer stehen auf der Roten Liste! Der schwindende Lebensraum durch die Intensivierung der Landwirtschaft und die steigende Lichtverschmutzung treiben sie zur Distinktion!

STEINFLIEGEN (PLECOPTERA)

69 _ Kleinköpfiger Uferbold
Warum fliegen, wenn sitzen viel bequemer ist!

Der Uferbold ist kein Kobold und mit diesem Naturgeist auch weder verschwägert noch verwandt. Der Uferbold gehört zur Insektenfamilie Perlodidae aus der Ordnung der Fliegen, genau genommen der Steinfliegen. Wie der Name bereits vermuten lässt, hält sich der Uferbold an und in der Nähe von Ufern auf. Er bevorzugt ruhige Fließgewässer, Flüsse und kommt meist an Bächen in Mittelgebirgslagen vor.

Der Kleinköpfige Uferbold ist wie seine Artgenossen ein Zeigerorganismus in Fließgewässern. Je mehr Larven und Imagines vorzufinden sind, desto gesünder ist das Gewässer. Oder anders gesagt: desto geringer belastet. Es gibt insgesamt sieben Stufen der Güteklassen eines Fließgewässers. Güteklasse I bedeutet unbelastet bis sehr gering belastet.

Güteklasse IV übermäßig verschmutzt. Der Kleinköpfige Uferbold ist wie all seine Steinfliegen-Verwandten ein anspruchsvoller Insektengenosse. Bereits in der Güteklasse II, die für mäßig belastet steht, kommt er kaum noch vor.

Steinfliegen sind erdgeschichtlich »steinalt«. Sie treten bereits zur Zeit der Saurier auf. Und noch heute haben die aktuellen Exemplare eine große Ähnlichkeit mit ihren Urahnen. Nach der Paarung ist aber relativ schnell Schluss mit dem Leben. Denn dem Männchen geht das Licht nach nicht einmal zwei Wochen aus, nachdem es sich gepaart hat. Weibchen leben nach der Paarung in etwa doppelt so lange weiter, also bis zu vier Wochen.

Für aquatisch lebende Wirbeltiere mit Kiemen (Fische) haben Steinfliegen einen hohen Stellenwert als Grundnahrungsmittel. Der Kleinköpfige Uferbold ist in der Regel eine äußerst leichte Beute. Steinfliegen sind per se keine großen Flugkünstler und sitzen bevorzugt auf Steinen herum, entsprechend auch die Namensgebung. Aber der Kleinköpfige Uferbold fliegt nicht nur ungern, sondern er ist regelrecht flugfaul. Ihn fliegen zu sehen ist beinahe eine Sensation.

Art Gattung Familie Perlodes microcephala, Perlodes, Perlodidae | **Verbreitung** Mitteleuropa | **Größe** 13–25 Millimeter Länge, 20–35 Millimeter Flügelspannweite | **Habitat** Flüsse und Bäche im Mittelgebirge | **Vorkommen** März–Juni | **Ernährung** Larve, Imago: Insektenlarven | **Hinter die Ohren schreiben** Steinfliegen nehmen im Nahrungskreislauf eine wichtige Rolle ein!

TIERLÄUSE (PHTHIRAPTERA)

70 __ Kopflaus
Ein weitestgehend ungefährlicher Parasit

Die Kopflaus ist uns ein treuer Weggefährte. Sie ist so alt wie die Menschheit selbst und Zeuge der Menschheitsgeschichte. Konkret geht es um die Geschichte des Homo sapiens und des Homo erectus. Diese beiden Urformen des Menschen entwickelten sich unabhängig voneinander, und man hielt es für beinahe ausgeschlossen, dass diese beiden Hominiden in irgendeiner Form miteinander agiert hätten. Haben sie auch nicht! Oder doch?

Die Kopflaus beantwortet diese Frage für uns eindeutig. Es gibt zwei Arten von Kopfläusen. Die eine Laus besiedelte nur Homo erectus, die andere Homo sapiens. Der Homo erectus ist längst ausgestorben (lausetot), die dazugehörige Laus jedoch nicht (lauslebendig). Sie besiedelt nun auch den Homo sapiens. Es muss also soziale Kontakte zwischen den beiden Hominiden gegeben haben, aller Wahrscheinlichkeit nach auch sexuelle Beziehungen.

Und doch führen wir einen Kampf auf Leben und Tod mit der Kopflaus, diesem lästigen und vermeintlich schrecklichen Blutsauger. Es gibt kaum eine Tötungsart, die nicht zum Einsatz kommt. Verbrennen, Ersticken, Vergiften oder Ertränken, alles dabei.

Und auch bei der Mordwaffe sind wir stets kreativ. Ob Essigwasser, ätherische Öle, Teebaumöl oder meist die Chemiekeule in Form von Insektizid-Präparaten, Hauptsache es geht den Biestern an den Kragen.

Wer meint, mit einem sauberen, makellosen Kopfmilieu der Kopflaus ein Schnippchen schlagen zu können, ist falsch gewickelt. Persönliche Hygiene ist nicht entscheidend, sie spielt nur eine untergeordnete Rolle. Ein Kopflausbefall ist also kein Indikator für ein unsauberes Zuhause. Jeder kann von Kopfläusen befallen werden.

Kopfläuse sind keine Flöhe (siehe Insekt 75) und können weder fliegen noch springen und sich auch nicht teleportieren. Die Kopflaus findet ganz klassisch den Weg von einem Kopf zum anderen, nämlich zu Fuß, sprich durch direkten Kopfkontakt.

Art Gattung Familie Pediculus humanus capitis, Pthirus, Menschenläuse | Verbreitung weltweit | Größe 2–3 Millimeter Länge | Habitat Haupthaar des Menschen | Vorkommen ganzjährig | Ernährung Larve, Imago: Blut des Menschen | Hinter die Ohren schreiben Menschenläuse gibt es, weil es uns Menschen gibt! Kopfläuse sind ein erfolgreiches biologisches Modell, das erst durch uns möglich gewesen ist! Mit den richtigen »Tricks« ist ein Läusebefall im Nu vorüber, und es kommt zu keinen Infektionen.

SCHABEN (BLATTODEA)

71 — Küsten-Waldschabe
Die harmlose heimische Kakerlake

Kakerlake ist nicht gleich Kakerlake, und Schabe ist nicht gleich Schabe. Die Küsten-Waldschabe hat mit der Kakerlake, also mit der Küchenschabe, sei es die Gemeine Küchenschabe, die Deutsche Schabe oder die Amerikanische Großschabe, nichts am Hut. Entfernte Verwandte, die sich nicht leiden können oder die schlichtweg eine andere Lebenseinstellung haben.

Die Küsten-Waldschabe interessiert sich kein bisschen für unsere Nahrungsabfälle. Und so werden wir sie zu Hause oder in der Restaurantküche niemals zu sehen bekommen. Die Küsten-Waldschabe ernährt sich, wie alle anderen Waldschaben auch, ausschließlich von organischem Material. Und zwar abgestorbenem oder sich zersetzendem. Waldschaben sorgen dafür, dass organischer Abfall verwertet wird und so im Kreislauf bleibt.

Und Küsten-Waldschaben machen das an Küsten statt am Waldboden. Sie mögen es gern sandig. Und ja, auch der Sand in Küstennähe hat jede Menge organisches Material, das wiederverwertet werden kann. In Sachen Recycling sind uns Insekten wie die Küsten-Waldschabe weit voraus. Es gibt im Reich der Insekten nichts, was nicht verwertet werden kann. Alles ist Teil von allem.

Waldschaben sind keine Schädlinge. Sie sind weder für Menschen noch Pflanzen oder andere Tiere gefährlich. Und sie lieben die Sonne. Im Gegensatz zu den Kakerlaken, die wir alle nicht haben wollen, also die, die es auf unsere Nahrungsabfälle abgesehen haben und teils Krankheiten übertragen können, sind Waldschaben tagaktiv. Sie bevorzugen warme, sonnige Orte in der freien Natur.

Die eine oder andere Waldschaben-Art ähnelt der Deutschen Schabe. Zu ihrem Unglück! Denn verirrt sich mal eine Waldschabe in eine Behausung oder wird beim Küstenspaziergang angetroffen, wird sie für ein »gefährliches Biest« gehalten. Die Deutsche Schabe hat zwei Längsstreifen am undurchsichtig-braunen Nackenschild, was sie klar von der Waldschabe unterscheidet.

Art Gattung Familie Ectobius panzeri, Ectobius, Ectobiidae | **Verbreitung** Europa | **Größe** 5–10 Millimeter Länge | **Habitat** sandige Plätze, Küsten | **Vorkommen** April–Okt. | **Ernährung** Larve, Imago: verrottende Pflanzenteile | **Hinter die Ohren schreiben** Die meisten Schaben-Arten machen ihr Ding und stellen keine Gefahr für uns Menschen dar!

SCHNABELKERFE (HEMIPTERA)

72 Lackschildlaus
Im Geiste der Ausscheidungen

Scheiße ist nicht gleich Scheiße (siehe Insekt 59). Viele glauben ja, dass wir auf die Toilette gehen, unser Geschäft erledigen und die Ausscheidungen mir nichts dir nichts durch Rohre und die Kanalisation geschleust werden und irgendwo in der Erde verschwinden. Das ist nur die halbe Wahrheit. Ausscheidungen sind ein Abfallprodukt, das es in sich hat. Und sie sind sehr wertvoll.

Die menschlichen Ausscheidungen betreffend hat sich mittlerweile ein beachtlicher Industriezweig gebildet. Stichwort: Klärschlamm. Aber die Möglichkeiten sind weitaus größer und weitreichender. Menschlicher Kot als Brennstoff und Biogaslieferant ist kein Hirngespinst. Ebenso wenig das »Urban Mining«, bei dem die Kanalisationen als Phosphatminen genutzt werden.

Und so verwundert es nicht, dass auch Insektenausscheidungen eine wertvolle Fracht sein können. Die Lackschildlaus ist ein gutes Beispiel. Aus ihren harzigen Ausscheidungen wird sowohl Schellack als auch Färberlack gewonnen. Schellack findet in zahlreichen Gebieten Anwendung, so zum Beispiel in der Farb- und Lackindustrie, der Nahrungsmittelindustrie und in der Pharmaindustrie. Schon mal an einem Kaugummidragee herumgekaut? Nun, die werden in aller Regel mit Schellack überzogen. Genauso wie dunkle Schokolade. Aber selbst Nüsse, Kaffeebohnen und Zitrusfrüchte werden mit diesem aus Lackschildlaus-Exkrementen bestehenden Überzugsmittel behandelt. Früher wurden Schallplatten daraus gemacht. Der Glanz eines Apfels? Läusekacke! Lebensmittelüberzug.

Die Lackschildlaus benötigt für die erforderliche Ausscheidungsmischung eine Wirtspflanze. Oft ist es der Malabar-Lackbaum oder die indische Jujube. Aber auch der Pflanzensaft zahlreicher anderer Baumarten bringt das gewünschte Ergebnis = Häufchen. Das aus diesen Häufchen gewonnene Harz ist das weltweit einzige tierische Harz mit kommerziellem Wert. 300.000 Tiere erzeugen ein Kilogramm Schellack.

Art Gattung Familie Kerria lacca, Kerria, Kerriidae | **Verbreitung** Asien | **Größe** 1–2 Millimeter Länge | **Habitat** Wälder | **Vorkommen** ganzjährig | **Ernährung** Larve, Imago: Pflanzensaft | **Hinter die Ohren schreiben** Insekten wie die Lackschildlaus tragen kostbare Stoffe in sich!

NETZFLÜGLER (NEUROPTERA)

73 Libellen-Schmetterlingshaft
Der Birdman ist los

Von oben im Flug im richtigen Moment aufgenommen, erinnert der Libellen-Schmetterlingshaft an einen winzigen Gnom im Wingsuit. Die Form und Anordnung der ausgebreiteten Vorder- und Hinterflügel lassen unweigerlich an einen Birdman denken. So nannte man anfangs die Menschen, die sich mit einem Fluganzug in die Lüfte begaben. Heute werden sie unter anderem Base-Jumper genannt oder schlichtweg Wingsuit-Flieger.

Der Libellen-Schmetterlingshaft gehört zur Ordnung der Netzflügler und hier zur Unterordnung Myrmeleontiformia, wie auch die Panther-Ameisenjungfer (siehe Insekt 80). Der Europäische Bachhaft (siehe Insekt 24) und die Gemeine Florfliege (siehe Insekt 36) sind zwar ebenfalls Netzflügler, werden aber der Unterordnung Hemerobiiformia zugeteilt. Letztlich sind sie alle miteinander eng verwandt, und es herrschen, wie bei vielen anderen Insektenordnungen, keine vollends geklärten Verwandtschaftsverhältnisse.

Was die Familien der Myrmeleontiformia auszeichnet, ist ihr einzigartiges Flugverhalten. Sie sind ausgezeichnete Flieger, die es verstehen, verschiedene Flugtechniken situationsgerecht anzuwenden. So zum Beispiel den Schwirrflug, eine Fähigkeit, die man auch beim Libellen-Schmetterlingshaft gut beobachten kann, da er im Gegensatz zu vielen anderen Netzflüglern tagaktiv ist. Er jagt entsprechend bei Tageslicht, schnappt seine Beute im Flug und vertilgt in der Hauptsache andere kleine Fluginsekten.

Der Libellen-Schmetterlingshaft gehört zu den Insekten, die eine kurze Lebenserwartung haben. Vier bis fünf Wochen, länger leben sie als Imago nicht. Und in dieser Zeit geht es, wie immer in solchen Fällen, in der Hauptsache um die Fortpflanzung. Die letzte Lebensphase, sprich die Zeit als Imago, ist für viele Arten die kürzeste in ihrem Leben.

Art Gattung Familie Libelloides coccajus, Libelloides, Schmetterlingshafte | **Verbreitung** Mitteleuropa | **Größe** 30–40 Millimeter Länge, 40–55 Millimeter Flügelspannweite | **Habitat** trocken-warme Hänge mit offener Vegetation | **Vorkommen** Mai–Aug. | **Ernährung** Larve, Imago: kleine Fluginsekten | **Hinter die Ohren schreiben** Die Netzflügler sind eine große Insektenordnung, deren Vertreter wichtige Nützlinge sind!

SCHMETTERLINGE (LEPIDOPTERA)

74 Maulbeerspinner
Der spinnt!

Hatten Sie schon einmal Insektenspeichel auf den Schultern? Oder um die Hüfte gewickelt? Jetzt dürfen Sie sich nicht vorstellen, wie Ihnen eine Gemeine Wespe (siehe Insekt 39) niederträchtig ins Gesicht spuckt oder eine Gemeine Florfliege (siehe Insekt 36) im Vorbeifliegen eine Portion Speichel auf Sie abwirft. Und auch nicht, wie ein süßer Schwalbenschwanz (siehe Insekt 90) auf Ihrer Hand landet und Sie mit Speichel vollsabbert. Obwohl, natürlich dürfen Sie sich all das vorstellen, aber wir wollen auf etwas anderes hinaus.

Der Speichel, um den es hier geht, ist das fädige, viskose Speicheldrüsensekret der Maulbeerspinnerraupe. Es geht um die Seidenraupe, ergo um Seide. Ein eleganter und kostbarer natürlicher Stoff, gewonnen aus den Kokons der Seidenraupe. Es gibt an die 50 Seidenwebarten wie zum Beispiel Satin, Chiffon und Taft. Das eine oder andere Seidengewebe dürfte Ihnen also schon mal an die Haut gekommen sein.

Sieht man ein bisschen genauer auf die Seidenproduktion, merkt man schnell, dass nicht alles »seidig« ist. Die allermeisten Raupen, in etwa drei Billionen jährlich, werden bei lebendigem Leibe in ihrem Kokon gekocht. Machen wir in geringerer Zahl zum Beispiel auch mit Hummern. In beiden Fällen unter Tierschutzaspekten eine fragwürdige Praktik. Lebendig gekocht werden ist kein Saunabesuch.

Und was zeichnet die Seidenraupe noch aus? Sie hat elf Gehirne! Zehn davon sind allerdings Nervenknoten. Diese werden auch als Bauch-Hirne bezeichnet, weil sie selbstständig arbeiten können. Wir haben lediglich ein Gehirn, funktioniert aber meist nur knapp oberhalb des Niveaus eines Nervenknotens.

Medizinisch betrachtet soll das Seidenraupenextrakt Cholesterin senken und Gefäßplaque auflösen können. In asiatischen Ländern wird die ganze Raupe gegessen. Und zwar die, die lebend gekocht wurde. Die Raupe ist damit ein Abfallprodukt der Industrie, das als Nahrungsmittel genutzt wird.

Art Gattung Familie Bombyx mori, Bombyx, Echte Spinner | Verbreitung Wildform in der freien Natur nicht mehr lebensfähig, domestiziert auf die Produktion der Seide auf Brasilien, Thailand, Indien, Japan und China beschränkt | Größe 32–38 Millimeter Länge, 40–50 Millimeter Flügelspannweite | Habitat einst offene Blühflächen mit Maulbeerbäumen | Vorkommen einst April–Sept. | Ernährung Raupe, Imago: Maulbeerbaum-Arten | Hinter die Ohren schreiben Insekten wie der Maulbeerspinner »schenken« uns Stoffe und Subtanzen, aus denen wir Produkte herstellen können!

FLÖHE (SIPHONAPTERA)

75 Menschenfloh
Der schwarze Tod durch Yersinia pestis

An Flöhen wird wahrlich kein gutes Haar gelassen. Als Parasit hat man schlichtweg schlechte Karten. Und wenn man dann auch noch als Krankheitsüberträger gilt, der einen großen Anteil an den Pestepidemien des Mittelalters und der Frühen Neuzeit hatte, wird es schwer, als Sympathieträger aufzutreten. Und gleich ganz unmöglich, als täglicher Planetenretter gesehen zu werden. Da wird einem kein Floh einen Floh ins Ohr setzen können. Floh ist Floh!

Der Menschenfloh ist ein blutrünstiger, blutsaugender Vampir in Rüstung. Er besitzt einen harten Chitinpanzer und kommt ganz ohne Flügel aus. Dafür hat er kräftige Sprungbeine, die ihn locker einen halben Meter weit und hochhüpfen lassen. Der Menschenfloh kann das 200-Fache seiner eigenen Körpergröße überspringen. Um vergleichbare Leistungen zu erbringen, müsste unsereins über den Kölner Dom springen. Wobei, das reicht nicht. Es müsste schon mindestens das Empire State Building sein.

Von einem Menschenfloh gebissen worden? Unmöglich! Glauben Sie nicht? Ist aber so! Flöhe beißen nicht, sie stechen. Und zwar oft pingelig genau in einer symmetrischen Reihe, der allseits bekannten Flohstraße oder Flohleiter (Probestiche). Eine meist fürchterlich juckende Angelegenheit. Aber Vorsicht, die entstandenen rötlichen Papeln nicht aufkratzen. Mindert erstens den Juckreiz nur kurzfristig und öffnet zudem Sekundärinfektionen Tür und Tor. Natürliche Produkte gegen Flöhe: ätherische Öle, Hefe, Essig, Zitrone, Kieselgur-Produkte. Und dann wären da noch jede Menge Chemiekeulen, die dem Floh den Garaus machen.

Der Menschenfloh nutzt uns nicht als primären Wirt, wie man vom Namen her fälschlicherweise ableiten könnte. Als Wirte kommen vielmehr Nagetiere, Schweine oder aber auch Füchse und sogar die eine oder andere Vogelart in Frage. Der Menschenfloh ist also nicht sehr wählerisch bei der Blutauswahl. Hauptsache Blut, Blut und noch mehr Blut!

Art Gattung Familie Pulex irritans, Pulex, Pulicidae | **Verbreitung** weltweit | **Größe** 1,5–3,5 Millimeter Länge | **Habitat** auf, um und um seinen Wirt herum | **Vorkommen** weltweit | **Ernährung** Larve, Imago: Blut | **Hinter die Ohren schreiben** Wäre ein Planet ohne Parasiten nicht furchtbar langweilig? Wie sollen sich Immunsysteme ohne Parasiten weiterentwickeln? Braucht Evolution nicht stets das Spiel zwischen Spieler und Gegenspieler?

SCHMETTERLINGE (LEPIDOPTERA)

76_ Monarchfalter
Wandern ist des Monarchfalters Lust

Während der Foto-Tour durch Gran Canaria für meinen Entdeckungsreiseführer »111 Orte auf Gran Canaria, die man gesehen haben muss« ist mir der Monarchfalter oft begegnet. Eigentlich ist er in Nordamerika heimisch und in Europa nicht anzutreffen, aber er hat sich erfolgreich auf den Kanaren ausgebreitet. Aktuell gibt es auch Sichtungen in Südspanien. Nicht mehr lange und er wird auch bei uns zu sehen sein.

Als ich in der »Falkenpilzschlucht« unterwegs war, kamen mir viele Monarchfalter über den Weg geflattert. Er ist sehr bekannt auf den Kanaren, und gerade in dieser Schlucht fühlt er sich besonders wohl. Manch einer nennt die Schlucht auch nach dem Monarchfalter. Aber »Falkenpilzmonarchfalterschlucht« war etwas zu lang als Name. Auf Spanisch heißt der Monarchfalter »mariposa monarca«.

Monarchfalter sind Wanderfalter. Sie ziehen jedes Jahr am Ende des Sommers in riesigen Schwärmen durch Nordamerika bis ins zentralmexikanische Hochland. In gut zwei Monaten legen sie über 4.000 Kilometer Luftweg zurück. Dabei orientieren sie sich nicht nur am Sonnenstand, sondern auch am Magnetfeld der Erde. Letzteres ist durch eine Art integrierten Inklinationskompass möglich, also einen Kompass, der zwischen polwärts und äquatorwärts unterscheidet und der UV-Licht benötigt, um zu funktionieren. Die entsprechenden lichtsensiblen Magnetsensoren werden in den Antennen der Monarchfalter vermutet.

Der Monarchfalter gehört klar zu den berühmtesten Schmetterlingen der Welt, und seine schöne, orange Farbgebung macht ihn zum Hingucker. Die Farbe soll dem Fressfeind »Vorsicht, giftig« signalisieren. Was auch stimmt, denn der Monarchfalter beherrscht die Kunst der schützenden Selbstvergiftung. Aber nicht allen Beutetieren kann dieses Gift etwas anhaben. Für einige wenige Vogelarten zum Beispiel ist der Monarchfalter ein proteinreicher Leckerbissen mit einem fettreichen Po.

Art Gattung Familie Danaus plexippus, Danaus, Edelfalter | **Verbreitung** Nord-, Mittel- und Südamerika, Australien, Indonesien, Kanarische Inseln | **Größe** 35–50 Millimeter Länge, 75–100 Millimeter Flügelspannweite | **Habitat** Ödland, Ruderalflächen, offene Biotope | **Vorkommen** ganzjährig | **Ernährung** Raupe: Seidenpflanzen; Imago: Schwalbenwurzgewächse | **Hinter die Ohren schreiben** Eine Sommerwiese ohne lautlose Gaukler? Traurig! Ei, Raupe, Puppe, Falter – die Schmetterlings-Metamorphose ist ein ästhetisches Schauspiel!

KÄFER (COLEOPTERA)

77 _ Nashornkäfer
Stark, stärker, Nashornkäfer

Dürfen wir vorstellen, der Nashornkäfer. Relativ zu seinem Körpergewicht gesehen, ist er das stärkste Tier der Welt. Da können Gorilla, Dickhäuter und Co. einpacken. Käfer sind klein und manchmal unscheinbar und leben in einer Welt, in der das Der-Stärkere-gewinnt-Prinzip kaum eine Rolle spielt. Und doch sind es die Käfer und generell die Insekten, die in Relation gesetzt sämtliche Naturgesetze vermeintlich ad absurdum führen.

Von Ameisen wissen wir bereits, dass sie enorme Kräfte besitzen. Sie sind wahre Kraftpakete, die ein Vielfaches ihres Körpergewichtes durch die Gegend spazieren tragen können – genau genommen je nach Art bis etwa das 40-Fache. Aber aufgepasst, der Nashornkäfer kann bei solchen Zahlen nur müde lächeln. Er schafft das 850-Fache seines eigenen Körpergewichtes. Das ist so, als würden Sie 850 Klone von Ihnen selbst auf dem Rücken tragen. Das schaffen Sie weder mit Spinat noch mit Muckibude, und auch nicht mit Anabolika und Steroiden.

Einst ein Waldbewohner, hat sich der Nashornkäfer heute zu einem Kulturfolger entwickelt. Ein Schicksal, das er mit vielen Insekten teilt, seit wir Nomadenmenschen uns aufgemacht haben, den Planeten (vermeintlich) zu beherrschen (Insekten sind die wahren Herrscher). Der Nashornkäfer liebt den Komposthaufen. Ein Kompost ohne Nashornkäferlarven ist wie eine Bärlauchsuppe ohne Bärlauch (oder ohne Suppe). Bedingung ist, dass beim Kompostieren holzige Materialien wie zum Beispiel Gehölzhäcksel und dergleichen im Spiel sind.

Mit einem Nashorn, also dem Säugetier, hat der Käfer kein Verwandtschaftsverhältnis. Das charakteristische Horn ist dennoch bestens nachempfunden. Die Frage ist jetzt nur, wer hat hier wen kopiert? Wer war zuerst da, das Nashorn oder der Nashornkäfer? Wer hat's erfunden? Im Zweifel natürlich immer das Insekt! Schließlich gibt es sie schon eine »halbe Ewigkeit«.

Art Gattung Familie Oryctes nasicornis, Oryctes, Blatthornkäfer | **Verbreitung** Süd- und Mitteleuropa, Teile Zentral- und Ostasiens | **Größe** 20–40 Millimeter Länge | **Habitat** Kulturfolger; Komposthaufen, Strohlager, verrottetes Sägemehl | **Vorkommen** April–Okt. | **Ernährung** Larve, Imago: Holz- und Pflanzenfasern | **Hinter die Ohren schreiben** Der Nashornkäfer ist ein Eins-A-Zellulosefaserverdauer! Die wenigsten Tierarten können Zellulose verdauen!

SCHNABELKERFE (HEMIPTERA)

78_Orius niger
Der Sauger und Beißer

Die Blattlaus tagträumte lausruhig auf einem Blattgrün. Sie steckte ihren Stechrüssel zwischen den Zellen des Blattes hindurch, um direkt die Leitungsbahnen anzuzapfen und den köstlichen Pflanzensaft aufzusaugen, als sie urplötzlich von einem Orius niger angestochen wurde. Sie wusste, was die Stunde geschlagen hatte, es gab kein Entkommen: Bei lebendigem Leibe würde sie nun ausgesaugt werden. Guten Appetit!

Ein Gewächshaus ohne eine Orius-Raubwanzen-Armada? Soll es geben. Warum auch nicht? Aber wer im Gewächshaus mit Blattläusen, Weißen Fliegen und Co. zu kämpfen hat, der kommt an diesen wundersamen Tierchen nicht vorbei, wenn Brennnesselbrühe, Waschnusssud oder Neemöl-Lösung nicht mehr helfen. Auf der Leibspeisenkarte der Wanzen stehen genau all diese Insekten.

Wenn Sie also mal einen zerstörerischen Befall in Ihrem Gewächshaus befürchten, bestellen Sie sich eine Orius-Armada im Internet. 500 Stück gibt es da schon ab etwa 70 Euro zuzüglich Versandkosten. Im Darknet bekommen Sie es günstiger, aber nicht nötig, es gibt bei Orius-Raubwanzen keinerlei Zulassungsbeschränkungen. Nehmen Sie also lieber ein paar Euro mehr in die Hand und folgen Sie dem legalen Weg der Vernunft. Übrigens ist eine Kombination mit Amblyseius-Raubmilben eine ideale Ergänzung. Da gibt es für denselben Preis sogar 2.000 Stück. Schnäppchen!

Schon mal von einem Orius niger gebissen worden? Wohl kaum, aber wenn doch, dann werden Sie sich schmerzlich daran erinnern. Der Biss dieses kleinen Tierchens tut höllisch weh. Der Orius niger ist aber weder an menschlichem Blut interessiert, noch injiziert er Gift oder Speichel. Der bloße Biss mittels seiner kleinen Mundwerkzeuge reicht aber aus, um einen Urschrei sondergleichen herauszuposaunen und minutenlang quälende Schmerzen zu erleiden. Dem verhassten Nachbarn mal eins auswischen? Legen Sie ihm ein paar Orius niger unter das Kopfkissen!

Art Gattung Familie Orius niger, Orius, Blumenwanzen | **Verbreitung** Europa, Sibirien, Zentralasien, China, Indien | **Größe** 1,5–2,5 Millimeter Länge | **Habitat** Krautschicht wärmerer Offenlandstandorte | **Vorkommen** April–Okt. | **Ernährung** Larve, Imago: kleine Arthropoden und deren Larven, Blütenpollen | **Hinter die Ohren schreiben** Wanzen sind keine Käfer! Wanzen bewohnen fast jeden Lebensraum des Planeten Erde, sogar den offenen Ozean! Wanzen sind erfolgreiche, wichtige Insekten!

HAUTFLÜGLER (HYMENOPTERA)

79 _ Panda-Ameise
Weder Panda noch Ameise

… sondern eine Wespe, um genauer zu sein, eine Ameisenwespe. Und zwar eine flügellose. Und nein, sie hat mit dem Symbol des WWF, dem Pandabären, nichts zu tun. Eine gewisse Ähnlichkeit ist dennoch zu erkennen, zumindest was die Farb-Musterung angeht, deshalb auch der erste Namensteil. Den zweiten verdankt sie ihren Gemeinsamkeiten in Form und Verhalten mit einer Ameise.

Die Panda-Ameise gibt es in Nord-, Mittel- und Südamerika zu bestaunen, vor allem in Chile und Argentinien. Sie ist eine Einzelgängerin und Schmarotzerin, die einen fiesen Stachel besitzt. Sie wird auch als »Kuh-Killerin« bezeichnet.

Eine Übertreibung, die deutlich machen soll, dass ein Stich äußerst schmerzhaft ist und sogar eine Kuh ins Wanken bringen kann. Nur die Weibchen sind mit einem Wehrstachel ausgestattet. In ihren Giftdrüsen wird ein starkes Gift produziert, das sie bei einem Verteidigungsstich einsetzen. Und ebendieses Gift ist für den großen Schmerz verantwortlich.

Die Männchen der Panda-Ameise sind nachtaktiv, die Weibchen hingegen tagaktiv. Ein kurioser Umstand, der im Insektenreich eher unüblich ist. Entweder ist eine Art tag- oder nachtaktiv, aber dass die Tagesaktivität vom Geschlecht abhängt, findet man generell selten. Grundsätzlich machen sie sowohl tagsüber als auch nachts das Gleiche: auf Nahrungssuche gehen.

Glücksbringer im Insektenreich gibt es zuhauf. Der eine oder andere Käfer, Schmetterlinge und auch Libellen oder Fliegen. Je nach Kulturkreis entstehen unterschiedliche (oder oft auch ähnliche) Mythen, die einem bestimmten Insekt etwas Glorreiches zusprechen. Im Falle der Panda-Ameise ist das auch so. Generell gelten Ameisenwespen in manchen Kulturkreisen als Glücksritter. In Chile bringt die Panda-Ameise Glück im Liebesspiel. Eine Schatulle mit toten Panda-Ameisen auf dem Nachttisch soll für ein vielversprechendes Sexualleben sorgen.

Art Gattung Familie Euspinolia militaris, Euspinolia, Ameisenwespen | **Verbreitung** Nord-, Mittel- und Südamerika | **Größe** 5–8 Millimeter Länge | **Habitat** trockene, sandige Flächen | **Vorkommen** ganzjährig | **Ernährung** Larve, Imago: Blütennektar | **Hinter die Ohren schreiben** Hautflügler sind eine megadiverse Insektenordnung, sprich eine Ordnung mit weltweit weit mehr als 100.000 beschriebenen Arten!

NETZFLÜGLER (NEUROPTERA)

80 Panther-Ameisenjungfer
Ein Leben in vorbildlichen Biotopen

Nach dem Panda kommt der Panther! Aber nicht der Pink Panther und auch nicht der Panzerkampfwagen Panther V, sondern die Panther-Ameisenjungfer. Ein graziler Neuflügler aus der illustren Familie der Ameisenjungfern. Wo eine Panther-Ameisenjungfer umherfliegt, da gedeiht und lebt alles in gesunden Bahnen. Verseucht und verschmutzt mag sie es nicht. Sie ist ein Indikator für ökologisch hochwertige Biotope und in entsprechend qualitativ hochwertigen Ökosystemen eine Leit-Art. Immer seltener ist sie bei uns anzutreffen.

Die Larven der Panther-Ameisenjungfer leben für gewöhnlich im Mulm alter Baumhöhlen, in denen sie auf ihre Beute warten. Sie bauen keine Fangtrichter, wie es zum Beispiel die Larven der Gefleckflügeligen Ameisenjungfer (siehe Insekt 31), der Gewöhnlichen Ameisenjungfer oder der Dünen-Ameisenjungfer tun. Sie hat einen anderen genialen Trick auf Lager: Sie tarnt sich mit Detritus! Nein, das ist kein anderes Tier und auch kein Pflanzenteil, sondern schlichtweg zerfallene organische Bodensubstanz. Die Larven sind regelrechte Spezialisten darin, zählen aber aktuell zu den gefährdeten Lebensraumspezialisten.

Aber auch die erwachsene Panther-Ameisenjungfer hat einen Trick auf Lager. Der kommt jedoch nicht gegenüber einem potenziellen Beutetier zum Einsatz, sondern gegenüber Fressfeinden. Und er manifestiert sich in physischer Natur und nicht im Verhalten: Ihre prächtig gezeichneten Flügel haben eine überdimensionale Augenzeichnung, die viele Feinde wie Vögel oder Mäuse erschrickt und in die Flucht schlägt, sprich die Fressfeinde davon absehen lässt, sie als nächste Mahlzeit zu betrachten. Die Augenzeichnung ist ihr charakteristisches äußeres Merkmal und hat ihr auch zu ihrem Namen verholfen. Die Imagines ernähren sich wie die Larven räuberisch. Aber das allein reicht ihnen nicht. Sie nehmen zwischendurch auch Blütenpollen zu sich.

Art Gattung Familie Dendroleon pantherinus, Dendroleon, Ameisenjungfern | **Verbreitung** Südeuropa | **Größe** 25–30 Millimeter Länge, 50–60 Millimeter Flügelspannweite | **Habitat** trocken-warme Laubwälder, Streuobstwiesen | **Vorkommen** Juni–Sept. | **Ernährung** Larve: kleine Insekten; Imago: kleine Insekten, Blütenpollen | **Hinter die Ohren schreiben** Die Panther-Ameisenjungfer ist die einzige baumbewohnende Ameisenjungfer in Mitteleuropa!

KAMELHALSFLIEGEN (RAPHIDIOPTERA)

81 Phaeostigma notata
Unscheinbar und doch auffällig

Wie wir bereits von der Gelbfüßigen Kamelhalsfliege wissen (siehe Insekt 33), sind Kamelhalsfliegen großartige Nützlinge. Sie ernähren sich von vermeintlichen Schadinsekten, sorgen also für eine ausgeglichene Population von Käfern und Co., die es zum Beispiel auf Bäume und andere Pflanzen abgesehen haben. Oft sind es die kleinen und unscheinbaren Insekten, die tagein, tagaus dafür sorgen, dass das Fressen-und-gefressen-Werden nicht aus dem Ruder läuft. Kamelhalsfliegen sind wichtige und fleißige Regulatoren.

Die Phaeostigma notata wird auch als Gefleckte Kamelhalsfliege bezeichnet. Die Anzahl der Insekten auf unserem Planeten ist so gigantisch, dass selbst klassifizierte Arten nicht sofort einen landessprachlichen Namen bekommen.

Vor allem wenn es sich, wie bei den Kamelhalsfliegen, um eine Ordnung handelt, die für wenig Aufsehen sorgt. Man stürzt sich immer erst einmal auf leichtere »Beute« wie Bienen, Kakerlaken und dergleichen.

Aber gerade diese vermeintlich unsichtbaren Insekten, die überwiegend im Verborgenen ihren täglichen Beitrag auf der Erde leisten, sollten eine Bühne bekommen. Die Phaeostigma notata soll eine von mehreren Repräsentanten in diesem Buch sein, die die Fahne für die wenig bis gar nicht bekannten Insekten hochhält. Jedes Insekt zählt, und jede Insektenart hat ihre Berechtigung. Entsprechend geht es darum, der Gesamtheit der Insekten Tribut zu zollen und sie zu feiern.

Die Phaeostigma notata ist überdies ein elegantes Tier. Sie hat einen komplett dunklen Körper, der von wenigen gepunkteten gelben Zonen akzentuiert ist, und sie besitzt üppig geäderte, durchsichtige Flügel mit braunem Flügelmal. In all der Skurrilität einer Kamelhalsfliege ist sie ein Paradebeispiel für die filigrane Prächtigkeit der Insektenwelt. Und ebenso für die kurze Lebensdauer vieler Insektenimagines. Phaeostigma notata lebt in etwa vier Wochen.

Art Gattung Familie Phaeostigma notata, Phaeostigma, Raphidiidae | **Verbreitung** Nord- und Mitteleuropa | **Größe** 13–15 Millimeter Länge, 20–30 Millimeter Flügelspannweite | **Habitat** Lichtungen, Laubwälder, Waldränder, Mischwälder | **Vorkommen** Mai–Juli | **Ernährung** Larve, Imago: Insektenlarven, Waldinsekten | **Hinter die Ohren schreiben** Kamelhalsfliegen machen einen beinahe unsichtbaren Job, sind mit über 200 bekannten Arten auf der Nordhalbkugel aber eine wichtige Insektenordnung!

82 Pilzkopf-Köcherjungfer
Kopfschmuck zum Staunen

Einen Pilz hat die Pilzkopf-Köcherfliege nicht auf dem Kopf, dafür ein markantes pilzförmiges Zeichen. Und genau wie alle anderen Köcherfliegen-Arten hat sie eine geringe Lebenserwartung. Einmal verpuppt, lebt sie knapp eine Woche. In dieser Zeit geht es ausschließlich um eine Sache: Fortpflanzung!

Ja, so ist das bei den Köcherfliegen, und sie sind nicht die einzigen Insekten, denen es so geht. Den Großteil ihres Lebens ist die Pilzkopf-Köcherfliege eine Larve, die sich unter Wasser entwickelt. Dort baut sie sich, wie für Köcherfliegen üblich, einen Köcher. Die meisten Köcherfliegen-Larven haben einen festen Köchersitz, sprich bleiben an Ort und Stelle. Bei der Pilzkopf-Köcherfliegen-Larve ist das ein bisschen anders.

Sie trägt ihr Zuhause stets mit sich herum. Er besteht aus Sandkörnern, die sie mit eigens produzierten Spinnfäden zusammenklebt. Im Laufe der Zeit ergänzt sie den Sandkörner-Köcher mit winzigen Ästchen, die so positioniert werden, dass der architektonisch reizvolle, röhrenförmige Köcher stets ideal in der Strömung steht. Diese wundersame mobile Behausung befindet sich an ihrem weichen Hinterleib, der dadurch geschützt wird, und dient als Rückzugsort vor Fressfeinden. Und er wächst während gut fünf Häutungen ständig mit. Die Pilzkopf-Köcherfliegen-Larve knabbert hinten am Köcher ab und baut vorne an. Mit der Larve zusammen entwickelt sich so auch die Behausung.

Köcherfliegen sind im zoologischen Sinne keine Fliegen, sondern eine eigene Insektenordnung, die am nächsten mit den Schmetterlingen verwandt ist. Sie gehören zu diesen kleinen und unscheinbaren Insekten, die wir leicht als unwichtig einstufen, die aber eine entscheidende Rolle im Ökosystem einnehmen. Köcherfliegen zählen zu den artenreichsten und wichtigsten Bewohnern des Makrozoobenthos, also des Gewässerbodens, und sind ein entscheidender Faktor in der Fließgewässerökologie.

Art Gattung Familie Anabolia nervosa, Anabolia, Köcherjungfern | Verbreitung Mitteleuropa | Größe 10–20 Millimeter Länge, 20–35 Millimeter Flügelspannweite | Habitat schwach strömende Gewässer mit sandigem Grund | Vorkommen Aug.–Okt. | Ernährung Larve, Imago: Algen, Pflanzenteile | Hinter die Ohren schreiben Köcherfliegen bilden die größte primär aquatische Insektenordnung und sind von großer Bedeutung in der Nahrungskette des Süßwassers!

ZWEIFLÜGLER (DIPTERA)

83 Riesenschnake
Hey, hey, HEY!

Es wird Zeit, dass wir Aufklärungsarbeit leisten. Ihr Menschen denkt ja, dass wir bösartige Blutsauger sind. Ihr irrt euch! Ihr schmeißt eben gern alles in einen Topf. Schnaken sind Mücken, sagt ihr, und die stechen und beißen, und deshalb gehören sie totgemacht. Das finden wir ehrlich gesagt ziemlich doof. Denn in erster Linie sind wir Nützlinge. Unsere Larven machen einen wichtigen Job, sie arbeiten Laub, Nadeln und morsches Holz auf. Also spannt mal eure Lauscher auf, hier kommt ein bisschen Aufklärung.

Erstens: Wir sind keine Mücken. Ihr ordnet uns als Mücken ein und bezeichnet uns als mückenartig. Eine optische Ähnlichkeit ist ja auch nicht zu leugnen, aber wir haben mit Mücken nicht viel am Hut.

Zweitens: Wir haben keine adäquaten Mundwerkzeuge, um euch zu stechen, gar zu beißen. Eure menschliche Haut ist nicht aus Titan, aber wir können sie trotzdem nicht durchdringen. Außerdem mögen wir Blut nicht. Wir ernähren uns von Wasser, Nektar und anderen natürlichen Säften.

Drittens: Wir Schnaken sind weder Stechmücken (oder ganz lustig: Mückenhengste) noch Weberknechte. Für die ganz Interessierten unter euch: Weberknechte sind entweder Knechte, die weben, oder Spinnentiere, aber in keinem Fall Insekten. Ergo können wir unter gar keinen Umständen Weberknechte sein. Wir haben sechs Beine, wie alle anderen Insekten auch, und nicht acht, wie alle Spinnentiere.

Viertens: Keine Panik! Oft reagiert ihr panisch auf uns. Warum? Sehen wir so gefährlich aus? Dabei halten wir uns vom ästhetischen Blickwinkel aus betrachtet für schöne Insekten. Unsere langen, zarten Beine sind ein absoluter Hingucker. Wir dachten, ihr mögt lange Beine?

Fünftens: Wir Riesenschnaken sind die größten unserer Art. Zumindest unter den heimischen Arten. Das macht uns stolz.

Sechstens: Ihr irrt euch in uns! Aber es sei euch verziehen, irren ist menschlich!

Art Gattung Familie Tipula maxima, Tipula, Schnaken | **Verbreitung** Europa | **Größe** 30–40 Millimeter Länge, 35–65 Millimeter Flügelspannweite | **Habitat** Feuchtwiesen, Moore, Ufergebiete von fließenden Gewässern | **Vorkommen** April–Okt. | **Ernährung** Larve: organisches Bodenmaterial; Imago: Nektar, Wasser, andere natürliche Säfte | **Hinter die Ohren schreiben** Riesenschnakenlarven machen einen wichtigen Job am Boden und arbeiten verschiedenes organisches Material auf!

SCHNABELKERFE (HEMIPTERA)

84 __ Ritterwanze
Pflanzen-, nicht Blutsauger!

Die Kombination aus Rot und Schwarz hat nicht nur den französischen Schriftsteller Stendhal zum Titel seines zweiten veröffentlichten Romans inspiriert, sondern auch viele Tiere in ihrer kreativen Farbgebung. Da wären zum Beispiel das Erdbeerfröschchen, der Rotkardinal oder die Korallenrollschlange, aber auch der Siebenpunkt-Marienkäfer (siehe Insekt 93), die Rote Waldameise (siehe Insekt 86) oder der Scharlachrote Feuerkäfer (siehe Insekt 89).

Die Gründe für das Rot sind klar: warnen, beeindrucken, anlocken, abschrecken, ablenken. Und das Schwarz? Ein guter Kontrast, der das Rot noch mehr zur Geltung bringt.

Es gibt noch eine ganze Menge anderer Insekten, die sich dieser erfolgreichen Farbkombination bedienen. Generell gelten Wanzen als verwandlungsfähige, farbenprächtige Insektenordnung, die zu Unrecht mit einem schlechten Ruf an der täglichen Weltrettung teilnehmen.

Die Ritterwanze ist, wie die allermeisten Wanzen, kein Parasit. Ja, richtig gelesen, KEIN Parasit. Es herrscht ja generell große Unwissenheit, was die Wanzen angeht. Die bekannteste ist die Bettwanze, und die ist sehr wohl ein Parasit. Und schon glauben wir, dass alle Wanzen Parasiten sind. Ist nicht so. Viele Wanzenarten ernähren sich räuberisch, doch die Ritterwanze steht auf Pflanzensäfte. Die Ritterwanzenlarven bedienen sich an exakt zwei Wirtspflanzen, am Weißen Schwalbenwurz und am Frühlings-Adonisröschen. Und damit ernähren sich die Larven von den Säften zweier giftiger Pflanzen.

Eine Besonderheit und ein charakteristisches Merkmal der Ritterwanze ist ihre schwarze, kreuzförmige Zeichnung. Die kann sehr unterschiedlich ausfallen und viele Muster annehmen. Allen gemein ist, dass sie so aussehen, als würden sie der Inka-Kultur entstammen. Was auch für die Gemeine Feuerwanze gilt. Eine Wanzenart, die wie die Ritterwanze keinesfalls ein Schädling ist.

Art Gattung Familie Lygaeus equestris, Lygaeus, Bodenwanzen | **Verbreitung** Europa, Asien, Nordafrika | **Größe** 8–14 Millimeter Länge | **Habitat** Gebüsche, lichte Wälder, Ruderalflächen, Trockenrasen | **Vorkommen** April–Okt. | **Ernährung** Larve, Imago: Pflanzensäfte | **Hinter die Ohren schreiben** Wanzen sind vielfältig und anpassungsfähig! Wanzen sind in der Mehrzahl keine Blutsauger!

HAUTFLÜGLER (HYMENOPTERA)

85 — Rostrote Mauerbiene
Das Insekt des Jahres 2019

Das Wildbienensterben geht leider munter weiter. Es steht nicht gut um unsere heimische Wildbiene, von den knapp 600 Arten, die bei uns ein Zuhause haben, steht über die Hälfte auf der Roten Liste, ist also stark vom Aussterben bedroht. Weltweit sieht es nicht besser aus. Aber eine Welt ohne Bienen ist undenkbar. Die Rostrote Mauerbiene repräsentiert alle Bienen (und Insekten) und wurde als Botschafterin ausgewählt: Insekt des Jahres 2019.

Die Rostrote Mauerbiene ist nicht wählerisch. Ihr ist jedweder Hohlraum ein geeigneter Nistplatz. Das kann von einem hohlen Stängel über Mauerritzen und Baumlöcher bis hin zu Gartenschläuchen reichen. Mit der Ernährung ist es ähnlich, sie ist nicht spezialisiert auf eine einzelne Pflanze. Entsprechend ist sie eine der meistgezüchteten Bienenarten, die zur Bestäubung eingesetzt werden.

Im Frühjahr ist sie eine der ersten Bienen, die sich bemerkbar machen. Spätestens im April kann man sie beobachten. Die Männchen der Rostroten Mauerbiene schlüpfen zuerst, meist ein paar Tage vorher, und warten an den Nesteingängen auf die schlüpfenden Weibchen. Männchen verbringen ihre drei bis sieben Wochen Lebenszeit in der Regel ausschließlich damit, ein paarungswilliges Weibchen zu begatten. Pollensammeln? Selten! Nestbau? Fehlanzeige!

Die Brutzellen der Rostroten Mauerbiene sind linear angeordnet. Wer die vordersten Zellen belegt, schlüpft zuerst. Ausnahmslos sind das immer die Männchen. Das Weibchen kennt also schon bei der Eiablage das Geschlecht und platziert die Eier entsprechend strukturiert? So ist es! Woher sie das weiß? Das liegt am Befruchtungsmechanismus der Insekten. Bei Säugetieren gilt das Motto »wer zuerst kommt, mahlt zuerst«, bei Insekten kommt es erst bei der Eiablage zur Befruchtung oder Nicht-Befruchtung. Bei Ersterer entsteht immer ein Weibchen, bei Letzterer immer ein Männchen, und zwar ausnahmslos.

Art Gattung Familie Osmia bicornis, Mauerbienen, Megaschilidae | **Verbreitung** Süd- und Mitteleuropa | **Größe** 8–18 Millimeter Länge, 15–25 Millimeter Flügelspannweite | **Habitat** Offenland-Biotope, Waldränder, Waldlichtungen, Streuobstwiesen, Brachen, Siedlungsbereiche, Gärten, Parkanlagen | **Vorkommen** März–Juli | **Ernährung** Larve, Imago: Nektar, Pollen | **Hinter die Ohren schreiben** Die Generalversammlung der Vereinten Nationen hat Ende 2017 den 20. Mai als Weltbienentag ausgerufen! Jede (Wild-)Biene zählt!

HAUTFLÜGLER (HYMENOPTERA)

86__ Rote Waldameise
Naturschützende Architekten-Genies

Wandern ist des Müllers Lust. Erst kürzlich wanderten wir mit festem Schuhwerk und rot gepunkteten Zipfelmützen am Bach entlang, überquerten aus Wolkenträumen errichtete gläserne Holzbrücken und betraten einen schlaflosen Laubwald unter den Argusaugen eines Walderlix (siehe »111 Orte auf Gran Canaria«). Nur wenig später standen wir vor einer riesigen Nestkuppel. Erbaut von genialen Architekten: sechsbeinigen Mini-Kreaturen mit dreigeteiltem Körperbau und zwei abgewinkelten Fühlern. Ein Ameisenhaufen ist ein geniales Kunstwerk. Bis zu zwei Millionen Ameisen leben in so einer Behausung. Platzangst? Fehlanzeige!

Ameisen sind die Naturschützer Nummer eins unseres Planeten, und ohne sie wären wir ganz schön aufgeschmissen. Sie lockern den Boden mit ihren vielen Gangsystemen auf, womit sie den Pflanzen ein einfacheres Wachsen des Wurzelwerks ermöglichen. Und Ameisen sind effiziente Samenträger. Die Rote Waldameise trägt die Samen von über 150 Pflanzenarten durch die Natur spazieren.

Wo Ameisen sind, gibt es mehr Honigtau, ergo mehr Bienenhonig. Ameisen halten den Wald sauber, indem sie Aas und anderen natürlichen Abfall abtragen. Sie sind einerseits Schädlings-Vernichter, andererseits Nahrung für viele andere Insektenarten. Nicht mehr und nicht weniger: Ameisen halten das biologische Gleichgewicht stabil. Wer über Ameisen spricht, der nimmt automatisch Superlative in den Mund. Ameisengemeinschaften sind Superorganismen. Sie leben ohne WLAN, Instagram und Selfie-Stick, doch übertreffen sie unsere sozialen Strukturen bei Weitem. Die Einzeltiere arbeiten in der Gemeinschaft reibungslos wie Körperzellen eines großen Organismus zusammen. Und sie kommunizieren miteinander. Ständig. Zum Beispiel, indem sie Pheromonspuren legen.

Übrigens ist es strikt verboten, hügelbauende Waldameisen der Natur zu entnehmen, zu besitzen, zu töten oder mit ihnen Handel zu treiben.

Art Gattung Familie Formica rufa, Waldameisen, Ameisen | **Verbreitung** Mittel- und Nordeuropa, Nordamerika, nördliches Asien | **Größe** 4–11 Millimeter Länge | **Habitat** Laub- und Nadelwälder | **Vorkommen** ganzjährig, im Winter Kältestarre | **Ernährung** Larve, Imago: Insekten, Honigtau von Blatt- und Schildläusen, Baumsäfte, Früchte, ölige Samen | **Hinter die Ohren schreiben** Ein Ameisenvolk lebt in einem Sozialstaat nach dreigliedrigem Kastensystem: fruchtbare Weibchen (Königin), fruchtbare Männchen und unfruchtbare Weibchen (Arbeiterinnen)! Ohne Ameisen würden nahezu alle Ökosysteme der Welt kollabieren!

HAUTFLÜGLER (HYMENOPTERA)

87 Rotgelbe Knotenameise
Allesfresserin und Pflanzensamenverteilerin

Keine Sorge, einen Knoten läuft sich die Rotgelbe Knotenameise gewiss nicht. Sie hat lediglich, im Gegensatz zu allen anderen Ameisenarten, wie zum Beispiel der Roten Waldameise (siehe Insekt 86), schlichtweg eine knotenförmige Zweifach-Segmentierung im Abdomen-Bereich. Genau genommen handelt es sich um das charakteristische Ameisen-Stielchenglied, das Brustabschnitt und Hinterleib verbindet und für eine agile Beweglichkeit und Bewegungsfreiheit des Hinterleibs sorgt.

Die Rotgelbe Knotenameise ist ungefährlich und in der Regel nicht aggressiv. Aber sie kann durchaus mal zustechen. Königinnen und Arbeiterinnen haben den für Ameisen typischen Stachel, mit dem sie Gift in ihre Beute oder einen Störenfried injizieren. Die Giftkonzentration ist jedoch sehr gering, und der Stechschmerz fühlt sich in etwa so an, als würde man eine Brennnessel berühren. Es kitzelt und juckt, geht aber nach ein paar Minuten wieder vorbei.

Eine Rotgelbe Knotenameise wiegt in etwa sieben Milligramm. Ein einzelnes Exemplar in der Hand zu halten ist kaum bis gar nicht spürbar. Letztlich auch nicht zwei, drei oder vier. Aber wenn man die Biomasse aller Ameisen auf der Erde zusammennimmt, übersteigt deren Gewicht mit großem Abstand jenes des Menschen.

Just in diesem Moment krabbelt eine Rotgelbe Knotenameise quietschvergnügt auf meinem Schreibtisch herum. Schnellbeinig kraxelt sie auf meine Hand und bewegt im Stakkato ihren Kopf hin und her. Die Fühler zittern durch die Luft. Wohin des Weges? Weit und breit kein Ameisenvolk in Sicht. Vorhin saß ich noch im Garten, ein blinder Passagier also.

Ab nach draußen und zurück in die Ameisenstraße. Die immer mindestens zweispurig angelegt ist. Meist wird zwar nur die Hauptspur verwendet, aber wenn die Individuenfrequenz einen bestimmten Schwellenwert erreicht, wird automatisch auf die Parallelstraße ausgewichen.

Art Gattung Familie Myrmica rubra, Myrmica, Ameisen | **Verbreitung** Europa | **Größe** 4–8 Millimeter Länge | **Habitat** Wiesen, Gärten, Wälder, Buschland | **Vorkommen** März–April, Winterstarre | **Ernährung** Larve und Imago: Insekten, Spinnen, Pflanzensäfte, Honigtau, Aas | **Hinter die Ohren schreiben** Ameisen sind Baukünstler und ein Vorzeige-Superorganismus.

OHRWÜRMER (DERMAPTERA)

88_ Sandohrwurm
Gebt uns Fleisch!

Tag zusammen, hier mal ein paar Worte in eigener Sache: Mit dem musikalischen Ohrwurm (siehe Insekt 41) haben wir Sandohrwürmer reichlich wenig zu tun. Auch sind wir keine Würmer im klassischen Sinne, die haben nämlich weder Beine noch Flügel und sind in der Regel total glitschig. Wir sind natürlich Insekten. Es gibt ja nicht wenige von euch, die uns Ohrkäfer nennen. Aber auch das ist falsch, wir gehören zu den Neuflüglern, sind also Fluginsekten. Alles klar bis hierhin?

Was aber nicht heißt, dass wir gern durch die Luft fliegen. Tun wir nämlich nicht. Die Luft ist nicht unser Element. Das Fliegen überlassen wir lieber den Fliegen. Da steckt die Flugkompetenz bereits im Namen. Wir nehmen lieber unsere sechs Beine in die Hand und gehen unseres Weges.

Im Gegensatz zu anderen Ohrwürmern ernähren wir uns ausschließlich von Fleisch. Jetzt werden die Vegetarier und Veganer unter euch, und auch die Frutarier und Schießmichtotarier, aufschreien und uns belehren, dass eine rein auf Fleisch basierende Ernährung ungesund ist. Aber dazu können wir nicht viel mehr sagen als: Is uns egal! Wir leben und überleben schließlich schon so viel länger als ihr auf diesem Planeten. Und vermutlich werden wir euch auch noch überleben. Also einfach hin und wieder mal – Pardon – die Klappe halten, würde euch ganz gut zu Gesicht stehen.

Und ein bisschen Demut zeigen. Das ist euch nämlich ein wenig abhandengekommen. Ihr tut so, als ob ihr die geilen Macker auf der Erde wärt. Aber weit gefehlt, liebe Damen und Herren, die wahren Herrscher »eures« blauen Planeten sind nämlich wir, die Insekten. Also schön locker durch die Hose atmen und vielleicht einfach mal kleinere Brötchen backen.

Wir Sandohrwürmer sind großartige Nützlinge, die sich auch vor toten Insekten nicht ekeln. Die fressen wir nämlich auch. Was uns auch zu Aufräumern macht. Wir haben es einfach drauf. Punkt!

Art Gattung Familie Labidura riparia, Labidura, Labiduridae | **Verbreitung** weltweit | **Größe** 20–40 Millimeter Länge | **Habitat** Flussufer, Meeresküsten, Dünen, Sand | **Vorkommen** ganzjährig, bei uns Mai–Okt. | **Ernährung** Larve, Imago: überwiegend tote Insekten, teils lebende Insekten | **Hinter die Ohren schreiben** Ohrwürmer sind völlig ungefährlich für Menschen und sind Nützlinge!

89 — Scharlachroter Feuerkäfer
Die faulen, feuerliebenden Waldretter

Alle Kinder rennen aus dem brennenden Haus, nur nicht Klaus, der schaut raus. Auf diesen Käfer angewendet: Alle Tiere rennen aus dem brennenden Wald, nur nicht der Scharlachrote Feuerkäfer, der sprintet rein alsbald. Und das ist kein Scherz. Der Scharlachrote Feuerkäfer flieht nicht wie die meisten anderen Tiere vor dem Feuer, er steuert stur schnurstracks auf die Brandflächen zu. Lebensmüde? Weit gefehlt!

Der Feuerkäfer hat ein spezielles Infrarotorgan mit wärmeempfindlichen Sensoren, das ihn dazu befähigt, auf mehrere dutzend Kilometer Entfernung einen starken Temperaturanstieg bei einem Brand wahrzunehmen. Er fühlt sich regelrecht von Hitze und Rauchgeruch angezogen. Aber warum? Der Käfer ist pyrophil, sprich er profitiert vom Feuer.

Wenn es brennt, geht er nicht auf das Feuer zu, um es zu löschen, und auch nicht, um den Feuertod zu suchen, sondern um auf den abgebrannten Flächen ein schönes Plätzchen für sich und seine Nachkommen zu finden. Ein verkohlter Baumstamm ist für den Feuerkäfer das, was für unsereins eine monströse Luxusvilla mit gepflegtem Gartenareal, olympischem Swimmingpool und Palmenoase ist: ein Traumdomizil!

Die satte Warnfarbe Rot des Käfers (nur der Kopf ist schwarz) kann dazu verleiten, zu glauben, er sei gefährlich, gar giftig. Ist er aber nicht. Für uns Menschen nicht und auch für andere Tiere nicht. Verschiedene Käferlarven, vor allem die des Borkenkäfers, stehen auf dem Speiseplan der Larven des Scharlachroten Feuerkäfers. Diese werden aber vorher keinesfalls vergiftet, der Scharlachrote Feuerkäfer besitzt nicht die Fähigkeit, Giftstoffe zu produzieren. Wo es keine Scharlachroten Feuerkäfer gibt, richten die Borkenkäfer große Schäden an. Der feurig-rote Käfer hat eine wichtige Funktion. Er ist eines von Hunderten, Tausenden und Millionen von Insekten, die uns täglich den Arsch retten. Und das kann richtiger nicht sein.

Art Gattung Familie Pyrochroa coccinea, Pyrochroa, Feuerkäfer | **Verbreitung** Mitteleuropa | **Größe** 13–18 Millimeter Länge | **Habitat** Waldränder, Waldlichtungen, Feldgehölze, Parks, Gärten | **Vorkommen** Mai–Juli | **Ernährung** Larve: Insektenlarven; Imago: Honigtau, Pollen, Pflanzensäfte | **Hinter die Ohren schreiben** Der Scharlachrote Feuerkäfer besiedelt verbrannte Flächen und ist somit Vorreiter, was das Neubeleben der Feuerflächen angeht!

SCHMETTERLINGE (LEPIDOPTERA)

90 _ Schwalbenschwanz
Eines von vielen Paradebeispielen

Schmetterlinge haben einen verdammt guten Ruf. Sie gehören wohl zu den beliebtesten Insekten. Insekten? Ja, Schmetterlinge sind natürlich Insekten. Das ist weitreichend bekannt, und trotzdem werden mit dem Schmetterling keine typischen Insekten-Attribute wie eklig, hässlich oder »mach das weg« assoziiert. Stattdessen: schön, imposant, bunt. Schmetterlinge stehen nicht nur in der Esoterik für Freiheit und Kreativität. Von Kindesbeinen auf lernen wir, dass Schmetterlinge außergewöhnliche Kleintiere sind, die filigran und zerbrechlich sind.

Welches Insekt ist ein beliebtes Bastelmotiv? Nein, sicherlich nicht die »eklige« Deutsche Schabe (siehe Insekt 15) oder die »gemeingefährliche« Gemeine Wespe (siehe Insekt 39). Dafür aber der Schmetterling. Und zwar egal welche Schmetterlingsart. Es sind die Form, das ganze Drumherum der Metamorphose und all die bunten Farben. Und sicherlich der besondere Flug. Auch als Tattoo-Motiv ist der Schmetterling äußerst beliebt. An den Status des Schmetterlings kommen nicht allzu viele Insekten heran.

Der Schwalbenschwanz punktet bei all diesen Sympathie-Kriterien auf ganzer Linie. Er zählt zu den größten und schönsten einheimischen Tagfaltern.

Die Bemalung seiner Flügel ist in der Tat im Sinne eines malenden Künstlers und würde auf jeder Vernissage auf glotzende Augen treffen. Auch mit seinem flatternden wie segelnden Flugstil weiß der Schwalbenschwanz zu beeindrucken.

Der Schwalbenschwanz ist ein Kulturfolger und eine vagabundierende Art. Die Raupen, nicht ganz so schön und niedlich, neigen zum Kannibalismus. Werden zwei Eier auf derselben Pflanze abgelegt, reicht schon ein Entwicklungsvorsprung von einem Tag aus, damit nach etwa fünf Tagen die ältere Raupe ihr ein Tag jüngeres »Geschwisterchen« verspeist. Das ist nicht die feine Art, tut der Sympathie für Schmetterlinge aber keinen Abbruch.

Art Gattung Familie Papilio machaon, Papilio, Ritterfalter | Verbreitung Europa, Asien, Nordafrika, Nordamerika | Größe 40–60 Millimeter Länge, 65–85 Millimeter Flügelspannweite Habitat warme Offenlandbiotope, Magerwiesen, Ödland | Vorkommen April–Okt. | Ernährung Raupe: Pflanzenteile; Imago: Nektar | Hinter die Ohren schreiben Den Ruf, den Schmetterlinge genießen, sollten alle Insekten genießen dürfen!

91 Schwarzbäuchige Taufliege
Erst die Taufliege, dann die Maus, dann der Mensch!

Die Menschheit vergibt seit 1901 jährlich den Nobelpreis und zeichnet damit herausragende menschliche Leistungen aus. Verdient haben ihn wohl die meisten Ausgezeichneten, aber stets fehlt eine ganz besondere Kandidatin auf der Nominierten-Liste: die Schwarzbäuchige Taufliege. Ja, richtig, sie kann nicht mit menschlichen Leistungen prahlen, aber verdient hätte sie den Preis allemal. Sie ist womöglich das erfolgreichste Labortier der Welt und verhilft so dem Menschen zu bahnbrechenden Entdeckungen. Da kann die sonst so oft gescholtene Maus oder Ratte nicht mithalten.

Die Schwarzbäuchige Taufliege ist fälschlicherweise als Fruchtfliege bekannt. Für die meisten von uns ein ungeliebter Sechsbeiner, dem man mit allen erdenklichen Fallen, Folter- und Tötungsapparaturen den Garaus machen möchte. Die Fliegenklatsche, der Fliegenfänger, das Essigbad, die Klebebandwand, der Weinflaschenfänger, der Geschirrspülmittelkrug, die Bier-, Soda- oder Colafalle, der Cooking-Spray-Teller und ganz martialisch-bestialisch die Föhnkammer. Bei Letzterer werden die Fliegen vom Haartrockner angesaugt und durch die Ventilatoren geblasen, wo sie in der Heizspirale verbrennen.

Und jetzt kommt eine Kuriosität: Die Versuchstierkarriere der Schwarzbäuchigen Taufliege begann 1901! Da war doch was! Genau, die Vergabe des ersten Nobelpreises! Bekommen hat sie ihn trotzdem nicht. Wer hätte damals denn schon ahnen können, dass die Entwicklung der Chromosomentheorie, eine Vielzahl von Erkenntnissen zur Evolutions- und Verhaltensforschung und die Analyse von Mutanten sowie unzählige Erkenntnisse zur Entstehung der Sexualität auf ihre Kappe gehen werden?

Die Schwarzbäuchige Taufliege besitzt lediglich vier Chromosomen und hat eine kurze Generationenfolge, ideal für Versuchstiere.

Art Gattung Familie Drosophila melanogaster, Drosophila, Taufliegen | **Verbreitung** weltweit | **Größe** 2–4 Millimeter Länge, 5–10 Millimeter Flügelspannweite | **Habitat** Kulturfolger, am liebsten in der Nähe von verdorbenem und gärigem Obst | **Vorkommen** ganzjährig | **Ernährung** Larve, Imago: gärendes Obst, verrottende Pilze | **Hinter die Ohren schreiben** Es ist unmöglich zu beziffern, wie viele Schwarzbäuchige Taufliegen bisher im Dienste der Wissenschaft ihr Leben gelassen haben, aber es ist eine Zahl mit sehr vielen Nullen! Ein Hoch auf die Schwarzbäuchige Taufliege!

KÄFER (COLEOPTERA)

92 Schwarzhörniger Totengräber

Eine erfolgreiche Leichenbestatter-Familie

Der Schwarzhörnige Totengräber macht seinem Namen alle Ehre. Er ist nicht mehr und nicht weniger als der Leichenbestatter der Kleintierwelt. Verendet ein Kleintier, ist er zur Stelle. Im Nu erledigt er alle Formalitäten, organisiert eine Beerdigung und hält sogar eine flammende Rede auf den Verstorbenen. Wenn es sein muss, gibt er sogar ein Ständchen zum Besten.

Täglich fallen auf der Erde Unmengen tote Materie an. Jährlich segnen über 50 Millionen Menschen das Zeitliche. Bei Tieren ist es ein Vielfaches mehr. Ohne den Schwarzhörnigen Totengräber und alle anderen aasfressenden Insekten würden sich die Tierkadaver mindestens bis zum Mars stapeln. Und stellen Sie sich mal den Geruch vor, den dieser Riesenstapel von sich geben würde. Unaushaltbar! Insekten wie der Schwarzhörnige Totengräber sind unverzichtbar für den Kreislauf des Lebens. Sie spielen eine essenzielle Rolle. Sie retten täglich unsere Welt!

Bereits der Nachwuchs des Schwarzhörnigen Totengräbers ernährt sich von Aas. Das Totengräber-Gen ist also von Beginn an im Einsatz. Eine Familienangelegenheit! Der erwachsene Käfer formt aus Kadaverportionen einen saftigen Fleischball – wenn Sie so wollen, eine Frikadelle (Fleischpflanzerl, Bulette) – und schmiert ihn mit einem eigens produzierten Verwesungsstopp-Sekret ein. Der unter Aaskäfern auch »Totengräber-Frikadelle« genannte Kadaver-Fleischball dient dem Nachwuchs als tagelanger Proviant.

Man möchte meinen, es gebe ausreichend Kadaver für alle. Und trotzdem versteckt der Schwarzhörnige Totengräber Kadaver, um sie nicht mit Fliegen und anderen aasfressenden Tieren teilen zu müssen. Am Ende ist eben auch der Schwarzhörnige Totengräber von seinem Überlebensinstinkt getrieben. Und der sieht in den meisten Fällen nicht vor, seine Nahrung mit anderen zu teilen.

Art Gattung Familie Nicrophorus vespilloides, Totengräber, Aaskäfer | **Verbreitung** Europa, Asien | **Größe** 12–18 Millimeter Länge | **Habitat** Wälder, Waldränder, an verwesenden Tieren, Pflanzen und Pilzen, auch an Kot | **Vorkommen** April–Okt. | **Ernährung** Larve, Imago: Aas | **Hinter die Ohren schreiben** Aaskäfer sind ein Symbol der Evolution! Evolution ist Kreislauf! Evolution ist Fressen und gefressen werden! Evolution ist das Zusammenspiel von lebender und toter Materie im Gleichgewicht der Energie! Letztlich leben wir alle in einer Quantenwelt!

93 — Siebenpunkt-Marienkäfer
Der schwarz gepunktete rote Glücksbringer

Schon mal so richtig Schwein gehabt? Ich ging letztens aus dem Haus und lief unter einer Straßenlaterne entlang. Es war früh am Morgen, die ersten Sonnenstrahlen küssten den Asphalt, es roch nach blühenden Glockenblumen (ein frisches, leicht zitroniges, seelenhaftes Aroma) – und plötzlich machte es: PLATSCH!

Zwei hoch oben auf der Leuchte ihr morgendliches Geschäft erledigende turtelnde Turteltauben waren der Meinung, ich könnte ein wenig Glück gebrauchen. Schnurstracks ging es zurück nach Hause, Kleidung abputzen und ab in die Wäsche damit, und ab unter die Dusche mit mir, um die Haare auszuwaschen. Und tatsächlich, an diesem Tag war das Glück auf meiner Seite. Yippie Yah Yei Turteltaubenkacke!

Man kann es aber auch einfacher haben: Wer einen Marienkäfer findet, der wird das Glück auf seiner Seite haben, ganz besonders, wenn es ein Siebenpunkt-Marienkäfer war. Wer ihn auf der Hand hält, der wird quasi von Glück überhäuft. Hat vermutlich mit der mystischen Glückszahl Sieben zu tun, die die irdische Vier und die göttliche Drei vereint.

Die Anzahl der Punkte sagt übrigens nichts über das Alter aus. Man vermutet, dass die Punkte eine abschreckende Wirkung auf Fressfeinde haben sollen. Es gibt Marienkäfer mit 2, 4, 6, 7, 10, 11, 13, 14, 16, 17, 18, 19, 22 und 24 Punkten. Nein, das ist weder die Fibonacci-Folge noch das Sonntags-Zahlenbingo von Oma Lotte. Wenn schon, dann ist es die Coccinella-Folge.

Marienkäfer kennen wir alle. Sie genießen einen sehr guten Ruf. Spätestens im Herbst, wenn sie scharenweise unsere Behausungen aufsuchen, bekommen wir sie zu Gesicht. Sie haben es eben gern kuschelig und heimelig.

Ein einzelner Marienkäfer kann bis zu 150 Blattläuse pro Tag vertilgen. Und seine etwa 8.000 Eier starke Nachkommenschaft (Blattlauslöwen) pro Saison futtert weit über 100.000 Läuse weg.

Art Gattung Familie Coccinella septempunctata, Coccinella, Marienkäfer | **Verbreitung** Europa, Nordafrika, Nordamerika, Asien | **Größe** 5–8 Millimeter Länge, 9–12 Millimeter Flügelspannweite | **Habitat** überall | **Vorkommen** April–Okt. | **Ernährung** Larve, Imago: Blattläuse | **Hinter die Ohren schreiben** Marienkäfer sind nützliche Säuberungsräuber und Insektennützlinge von größter Beliebtheit!

FISCHCHEN (ZYGENTOMA)

94_ Silberfischchen
Sie lieben Zucker!

Dieses Fischchen, das weder Kiemen noch Flossen besitzt, ist eine beeindruckende Insekten-Rarität mit herausragenden Fähigkeiten, das wir als unnütz, unnötig und unfähig abstempeln – wie wir es mit ganz vielen anderen Insekten auch machen. Wie falsch wir doch in all diesen Fällen liegen. Ausnahmslos! Wüssten wir es doch besser.

Begegnen wir einem Silberfischchen im Bad, wo es sich gern aufhält – schön warm und feucht und kuschelig –, reagieren die meisten von uns auf die gleiche Art und Weise: Igitt! Es wird kurzum zum Insektenspray gegriffen und dann: Gib ihm! Ein Schicksal, das vielen Insekten widerfährt. Die Tötungsmaschine Mensch kennt in der Regel kein Erbarmen. Meist entwischt einem das Fischchen aber, denn es ist äußerst agil und schnell unterwegs. Vor allem in Fluchtsituationen im Zusammenhang mit einem Frontalangriff.

Dabei gehört das Silberfischchen zu den ältesten Tieren unseres Planeten. Und es kann etwas, was kein anderer terrestrischer natürlicher Pflanzenfresser kann: das Verdauen von Zellulose ohne Fremdhilfe! In den Verdauungstrakten und Mägen von Pflanzenfressern übernehmen normalerweise Bakterien den Job der Zellulose-Zerlegung. Das Silberfischchen hingegen braucht keine Fremdleistung in Anspruch zu nehmen. Es produziert selbst die Enzyme, die der Zellulose an den Kragen gehen. Das ist unter den Pflanzenfressern einmalig.

Zurück ins heimische Badezimmer: Das Silberfischchen liebt vieles, was wir Menschen tagtäglich verlieren. Da wären zum Beispiel Haare und Hautschuppen. Wahre Leckerbissen. Abgesehen davon verspeist das Silberfischchen aber auch gern Hausstaubmilben, was es quasi zum Nützling macht.

Letztlich haben sie ein Faible für alles, was Stärke und Zucker enthält. Im Gegensatz zu Tageslicht. Sie sind lichtscheu und entsprechend nachtaktiv. Und sie sind zäh. Fast ein Jahr lang können sie ohne Nahrung auskommen.

Art Gattung Familie Lepisma saccharina, Lepisma, Lepismatidae | Verbreitung weltweit | Größe 7–10 Millimeter Länge | Habitat heutzutage an menschliche Behausungen gebunden | Vorkommen ganzjährig | Ernährung Larve, Imago: kohlenhydratreiche, stärkehaltige Stoffe, Dextrin (in Klebstoffen), Haare, Hautschuppen, Bucheinbände, Hausstaubmilben | Hinter die Ohren schreiben Fischchen ernähren sich von Kohlenhydraten und sind bemerkenswerte Tiere!

95 Spanische Fliege
Libido vs Erektion

»¡Olé!«, ruft der Spanier, wenn er in der Stierkampfarena sitzt – oder auf einer der Tribünen, von denen er euphorisiert und elektrisiert Rasenschach-Spielern zujubelt. Und die Spanische Fliege? Nein, die ruft sicherlich nicht »¡Olé!«. Und nein, die Spanische Fliege ist auch kein Querbinder, also eine zur Querschleife gebundene Krawatte. Auch ist sie kein Angelköder, keine Oberlippenbart-Form und auch kein Sternbild am Spanischen Nachthimmel, obwohl sie das alles sein kann. Aber was ist die Spanische Fliege dann?

Die Spanische Fliege ist nicht mehr und nicht weniger als – Trommelwirbel – ein weltweit bekanntes, natürliches Aphrodisiakum. Und zwar sowohl für Männer als auch für Frauen. Bei den gängigen Onlinehändlern kann man das Mittelchen in kleinen Fläschchen bestellen.

Die Idee stammt aus einer Zeit, in der das Internet so weit von seiner Erfindung entfernt war wie eine Eintagsfliege von einem Methusalem. Damals wurden fleißig Spanische Fliegen gesammelt, zerdrückt und zu Pulver verarbeitet. Und dann ab damit durch den Rachen in den Magen und »¡Olé!«, ging die Post ab.

Fairerweise müssen wir aber nun zur ganzen Wahrheit kommen. Die Spanische Fliege ist in der Tat ein Tier. Ja, sogar ein Insekt. Aber sie ist keine Fliege! Ein Schelm, wer Böses denkt. Die Spanische Fliege ist ein Käfer. Genau genommen ein Ölkäfer. Und viele Ölkäfer produzieren Cantharidin, ein Reizgift.

Ein Gift, das für uns Menschen durchaus tödlich sein kann. Es stimmt, dass das von Ölkäfern gewonnene Cantharidin als Inhaltsstoff in dem vermeintlichen Aphrodisiakum Spanische Fliege vorkommt, aber bei Überdosierung kann der Schuss schnell nach hinten losgehen. Außerdem ist es falsch, dass die Spanische Fliege die Libido steigert. Cantharidin reizt Organe und anatomische Körperstrukturen, so auch die Harnwege, und so kann es beim Mann unter Umständen zu einer Erektion kommen.

Art Gattung Familie Lytta vesicatoria, Lytta, Ölkäfer | **Verbreitung** Südeuropa | **Größe** 10–25 Millimeter Länge | **Habitat** Gebüsche | **Vorkommen** Juni–Sept. | **Ernährung** Larve: Eier und Junglarven von Wildbienen, Nektar, Pollen; Imago: Pflanzenteile | **Hinter die Ohren schreiben** Viele Ölkäfer ernähren sich als Imago von Pollen und sind Pflanzenbestäuber!

96_ Steinhummel
Ganz schön pelzig (auf der Zunge)

Ein großer, samtig pechschwarzer Körper, dessen rundlicher Popo rotbraun leuchtend eingefärbt ist, kennzeichnet das Aussehen dieser attraktiven Hummelart, die ihre Nester gern unter Steinhaufen oder Mauern anlegt. Männchen haben es in der Regel farblich gern etwas bunter. Sie treten nur kurzzeitig im Sommer auf und haben eine gelb gefärbte Binde und zwischen den Augen ein zitronengelbes Haarbüschel.

Die Steinhummel produziert Honig, wie für Echte Bienen charakteristisch, aber der reicht nur für den eigenen Bedarf. Es lohnt sich nicht, da etwas abzuzwacken. Sie ist wie alle Hummel- und Wildbienenarten ein fleißiger und effizienter Sammler und ein phantastischer Bestäuber von Wild- und Nutzpflanzen. Steinhummeln sind außerdem äußerst flexibel und sehr anpassungsfähig. Ihr buschiger Haarpelz schützt sie gut gegen Kälte.

Die Hummel hat im Allgemeinen einen ausgezeichneten Ruf. Sie wird weder als Lästling noch als Stechmonster abgetan. Sie punktet mit ihrem pummelig-pelzigen Aussehen, ihrem summenden Flugton und ihrer Friedfertigkeit. Die Steinhummel ist dabei ein besonders friedlicher Hautflügler. Sie lässt sich ohne Weiteres in ihr Nest schauen, verzichtet dabei weitestgehend auf Stechattacken. Die Steinhummel gilt als stechfaul. Und als ebenso treu. Oft treten die Tiere jahrelang am gleichen Nistort auf.

Die Steinhummel ist ein vorbildliches Insekt. Der Frieden ist ihr wichtig. Mit großem Tatendrang und Fleiß stellt sie sich in den Dienst ihres Volkes und damit in den ökologischen Kreislauf der Natur, und voller Selbstvertrauen ist sie auch, hat nicht einmal Angst vor uns Menschen. Da können wir uns alle wohl eine Scheibe abschneiden. Und noch was: Magie! Na ja, zumindest hört man immer wieder, dass es physikalisch eigentlich unmöglich ist, dass die Hummel fliegen kann. Das stimmt allerdings nicht – Hummeln sind keine Flugzeuge, sie bewegen ihre Flügel!

Art Gattung Familie Bombus lapidarius, Hummeln, Echte Bienen | **Verbreitung** Europa | **Größe** 12–26 Millimeter Länge, 24–40 Millimeter Flügelspannweite | **Habitat** Ubiquist; Waldränder, Magerrasen, (Streuobst-)Wiesen, Gärten, Parkanlagen | **Vorkommen** März–Okt., eine Generation im Jahr, Jungköniginnen halten Winterschlaf | **Ernährung** Larve, Imago: Nektar, Pollen | **Hinter die Ohren schreiben** Hummeln sind witterungsunabhängige fleißige Bestäuber!

ZWEIFLÜGLER (DIPTERA)

97 _ Stubenfliege
Das Haustier eines Jedermanns

Die Stubenfliege ist ein weltweites Phänomen. Es gibt sie grundsätzlich überall. Und nirgendwo ist sie besonders beliebt. Aber auch nicht besonders verhasst. Kein Vergleich zu Wespen, Mücken und dergleichen. Ja, ein klein wenig lästig kann sie schon werden, die Stubenfliege, aber eigentlich nicht schlimm. »KLATSCH!« und es herrscht wieder Ruhe. Hat nicht jeder heutzutage eine Fliegenklatsche zu Hause?

Leider wohl die meisten. Denn die Stubenfliege ist auf dem Rückzug. Unfreiwillig. Für alle Großstädter unter Ihnen, die weit weg von Kuhfladen und Co. leben, wann haben Sie sich das letzte Mal von so einem dicken Brummer zu Hause in Ihrer Wohnung im 13. Stock genervt gefühlt?

Die Stubenfliege ein Schädling? Wirklich? Quatsch mit Soße! Es gibt Lebensbereiche, in denen eine Bekämpfung aus hygienischen Gründen oder zur Vorbeugung von Krankheitsübertragung Sinn macht, aber grundsätzlich ist die Stubenfliege ein vielseitiger Nützling. An erster Stelle steht ihre Position in der Nahrungskette. Die Stubenfliege dient vielen Tieren als lebendiges Futter mit haufenweise Protein und Chitin. Fragen Sie mal Reptilien, Amphibien, Kleinsäuger, Vögel, Fische, Spinnen und unzählige andere Insekten, was sie davon halten würden, wenn es die Stubenfliege auf ihrem Ernährungsplan nicht mehr geben würde. Die würden Ihnen den Vogel zeigen. Viele sogar das Stinkebeinchen!

Wussten Sie, dass Stubenfliegen millionenfach gezüchtet werden? Von Hummeln dürften Sie das schon gehört haben. Aber Stubenfliegen? Ja, auch sie werden tatsächlich gezüchtet. Und zwar, um sie zu Fliegenlarvenmehl zu verarbeiten. Klingt erst mal martialisch, machen wir aber mit weitaus größeren Tieren zuhauf und seit Jahrzehnten in Form von Massentierhaltung. Ein Vorteil des Fliegenlarvenmehls: Einsparung der Fischmehlproduktion und entsprechende Reduzierung des Leerfischens unserer Ozeane.

Art Gattung Familie Musca domestica, Musca, Echte Fliegen | **Verbreitung** weltweit | **Größe** 6–10 Millimeter Länge, 15–25 Millimeter Flügelspannweite | **Habitat** Siedlungsbereiche | **Vorkommen** ganzjährig in Gebäuden, April–Okt. im Freiland | **Ernährung** Larve: Exkremente, Mist, Abfall; Imago: menschliche Speisen | **Hinter die Ohren schreiben** Die Stubenfliege oder auch Gemeine oder Große Stuben- oder Hausfliege ist ein unterschätztes Tier, das stets an unserer Seite war, ist und bleibt!

FRANSENFLÜGLER (THYSANOPTERA)

98 Tabakblasenfuß
Ein gefürchteter Bestäuber-Schädling

Vorsicht, erneut ein Schädlingsfall. Der auch als Zwiebelthrips bekannte Tabakblasenfuß ist ein Schädling an Zierpflanzen und Gemüse. Ganz ein böser Delinquent! Ein weltweit gefürchteter Schädling. In welcher Hinsicht rettet so ein vermeintlich bösartiges Insekt also unsere Welt? Gar nicht? Nicht so voreilig!

Der Tabakblasenfuß gehört zur Gattung der Thrips und zur Ordnung der Fransenflügler. Und die sind in einem landwirtschaftlichen Kontext, also im Ackerbau, in Gewächshäusern, in Monokulturen und dergleichen ein ungebetener wie ungeliebter Gast = Feind. Treten sie in Massen auf, haben wir es also mit einer Plage zu tun. Ja, dann sind unschöne Pflanzenschäden nicht zu vermeiden. Aber ansonsten, also bei einer geringen Population, halten sich die direkten Pflanzenschäden in Grenzen. Doch, und das ist das eigentliche Problem, der Tabakblasenfuß ist wie viele andere Vertreter der Fransenflügler ein Überträger von Viruserkrankungen.

Hinzu kommt, dass der Tabakblasenfuß nicht wählerisch ist. Er knabbert an allem Grünzeug herum, was ihm vor die Mundwerkzeuge kommt. Das macht ihn schwer eingrenzbar und zu einer potenziellen Gefahr sowohl für den Weinbau als auch für Olivenplantagen, Baumwollpflanzungen und den Anbau von Zwiebeln, Knoblauch und Lauch. Irgendwie mag er einfach alles. Entsprechend ist er in Deutschland in vielen Bereichen die dominante Thripsart. In schlechten Zeiten wird der sich sonst phytophag ernährende Tabakblasenfuß sogar zum Räuber, sprich Fleischfresser.

Doch jetzt kommt's: Der Tabakblasenfuß ist ein Bestäuber! Ja, er hat also auch seine guten Seiten. Unter anderem bestäubt er die Zuckerrübe. Außerdem ist der Tabakblasenfuß ein Leckerbissen. Jede Menge Raubmilben, Wanzenarten und auch die Florfliegenlarven haben den Tabakblasenfuß zum Fressen gern. Und das macht ihn wiederum zu einem Grundnahrungsmittel für viele andere bedeutende Insekten.

Art Gattung Familie Thrips tabaci, Thrips, Thripidae | Verbreitung weltweit | Größe bis zu 1 Millimeter Länge, 1,5–2 Millimeter Flügelspannweite | Habitat lieber trocken als feucht, bevorzugt weiße, gelbe und blaue Flächen | Vorkommen ganzjährig | Ernährung Pflanzenfresser | Hinter die Ohren schreiben Im Winter, wenn der Tabakblasenfuß in einer temperaturgeregelten Quieszenz überwintert, verdunkelt sich sein Körper! Nach dem Winterschlaf bis hin zum Sommer hellt er wieder auf!

SCHMETTERLING (LEPIDOPTERA)

99_ Tagpfauenauge
Fliegende Augen

Das Tagpfauenauge ist in unseren heimischen Gefilden einer der bekanntesten und meistgeschätzten Schmetterlinge. Und einer der wenigen, der als Imago und nicht als Raupe überwintert, also die kalte Jahreszeit als ausgewachsener Falter überlebt. Nach der Überwinterung ist das Tagpfauenauge bis etwa Mai aktiv. Bisher gab es ein, nicht selten auch zwei Generationen pro Jahr, mittlerweile gibt es oft drei und mehr. Das hängt in erster Linie mit den wärmeren Wintern zusammen. Entsprechend gilt das Tagpfauenauge als Zeigerart für den Klimawandel.

Die beiden herausstechenden Merkmale des Tagpfauenauges sind die rostrote Flügelgrundfarbe und die symmetrischen, sich spiegelnden schwarz, blau und gelb gefärbten Augenflecken an jeder Vorder- und Hinterflügelspitze. Die Flügelzeichnung ist in erster Linie zur Abschreckung von Fressfeinden gedacht. Aber auch die Flügelunterseiten sind besonders. Diese sind in dunkelgrau-braunschwarzen Tarntönen gehalten, sodass das Tagpfauenauge von unten betrachtet wie etwas Pflanzliches aussieht. All das hilft aber oft nicht, bei vielen Vögeln und Insektenfressern steht das Tagpfauenauge auf der Speiseliste ganz oben.

Im Frühjahr, wenn die Überwinterungsgeneration aus der Winterruhe kommt, spielt die Paarung die Musik. Männchen machen es sich am Waldrand bequem und schwirren Spalier für die Weibchen. Dabei deckt jedes Männchen eine Länge von etwa 20 Metern ab. Kommt ein Weibchen angeflogen, wird es sofort umworben. Dabei kommt es nicht selten vor, dass die Herren ihre Weibchen mit anderen fliegenden Schmetterlingen verwechseln.

Und so kommt es gelegentlich, meist mit anderen Männchen, zu kleinen Luftkämpfen, die in der Regel in einem spektakulären steilen Spiralflug ausgetragen werden. The winner takes it all? Nein, auf ABBA stehen Tagpfauenaugen nicht. Die Weibchen fliegen einfach weiter.

Art Gattung Familie Aglais io, Aglais, Edelfalter | **Verbreitung** Europa, Asien | **Größe** 30–40 Millimeter Länge, 50–55 Millimeter Flügelspannweite | **Habitat** lichte, sonnendurchflutete Wälder, Waldlichtungen, Wiesen, Gärten, Parkanlagen | **Vorkommen** Juli–Okt., nach Winterschlaf bis Mai | **Ernährung** Raupe: Brennnesseln; Imago: Nektar, Pollen, Beeren, Früchte | **Hinter die Ohren schreiben** Das Tagpfauenauge macht bei über 200 Nektarpflanzen Blütenbesuche!

SCHMETTERLINGE (LEPIDOPTERA)

100 Taubenschwänzchen
Ich wär so gern ein Kolibri!

Ein langer Schnabel, blitzschneller Flügelschlag, in der Luft direkt vor der Blüte stehen, um Nektar aufzusaugen. Haben wir alle schon einmal von einem Kolibri gesehen, ob in der freien Natur oder im Fernsehen. Sieht spektakulär aus und ist einzigartig im Tierreich. Von wegen! Was dem Kolibri gern als Alleinstellungsmerkmal zugeschrieben wird, können auch andere.

Das Taubenschwänzchen ist ein Meister des Schwirrfluges. Mit seinem langen Rüssel (bis zu drei Zentimeter, kein anderes tagaktives Insekt, das Blüten besucht und sich von Nektar ernährt, hat einen längeren Rüssel) steht es einem Kolibri-Schnabel in nichts nach. Und Nektar ist seine absolute Leibspeise. Ähnlich sehen sich Kolibri und Taubenschwänzchen zwar nicht, und dennoch soll es zu Verwechslungen kommen. Gut, der breite schwarz-weiß gezeichnete Hinterleib des Taubenschwänzchens kann als vogelähnlich bezeichnet werden, er erinnert an einen Federschwanz. Doch die vermeintlichen Federn sind keine. Es sind verlängerte Schuppen, die dem Schmetterling als Steuerungselement während des Schwirrfluges dienen. Chapeau!

Grundsätzlich in Südeuropa heimisch, denn nass und kalt ist nicht so sein Ding, tritt das Taubenschwänzchen immer häufiger bei uns auf. Über die Sommermonate ist der Wanderfalter bei uns fast schon heimisch geworden. Er ist ein außergewöhnlicher Immigrant, der über die Alpen den Weg zu uns findet und in heißen Sommern bis nach Norddeutschland kommt. Ein plausibles Indiz dafür, dass der weltweite Temperaturanstieg kein Ammenmärchen ist.

Und ebenso kein Ammenmärchen ist die Geschwindigkeit, die das Taubenschwänzchen an den Tag legt. Pro Minute kann es bis zu 20 Blüten besuchen und aussaugen. Das ist selbst unter Insekten schnell wie der Blitz, und kaum ein Insekt kann diese Geschwindigkeit mitgehen. Die meisten anderen Blütensauger sind dagegen lahmflattrige Schildkröten.

Art Gattung Familie Macroglossum stellatarum, Macroglossum, Schwärmer | **Verbreitung** ganzjährig | **Größe** 25–35 Millimeter Länge, 40–50 Millimeter Flügelspannweite | **Habitat** offenes Gelände mit nektarreichen Futterpflanzen | **Vorkommen** Europa, Asien, Nordamerika, mag es warm | **Ernährung** Raupe: verschiedene Labkrautarten; Imago: Nektar | **Hinter die Ohren schreiben** Das Taubenschwänzchen fliegt von Blüte zu Blüte im Rekordtempo! Es ist der schnellste Blütenbestäuber der Welt!

GOTTESANBETERINNEN (MANTODEA)

101_ Teufelsblume
Die Königin unter den Gottesanbeterinnen

Die Teufelsblume kann bis zu 15 Zentimeter groß werden und eine Flügelspannweite von bis zu 17 Zentimetern erreichen. Rekord unter den Gottesanbeterinnen. Diese Merkmale, zusammen mit der variierenden Färbung, die von Braun- zu Grüntönen alles erlaubt, machen sie zur Königin.

Wer dieser Königin allerdings eine Stippvisite in der Natur abstatten möchte, muss nach Ostafrika reisen. Heimisch ist die Teufelsblume bei uns nur insofern, dass sie bei Terrarianern äußerst gefragt ist und in vielen heimischen Wohnzimmern lebt.

Im Terrarium selten bis gar nicht zu beobachten ist das imposante Drohverhalten der Teufelsblume. Wie es sich für eine gute Gottesanbeterin gehört, stellt sie sich auf alle viere und breitet ihre Fangarme aus. Im Vergleich zu den anderen Arten wirkt die Teufelsblume aufgrund ihrer Größe und ihrer rot-weißen Färbung in ihrer Drohfigur imposanter. Untermalt oder unterstützt wird diese spektakuläre Haltung durch Stridulation. Die Teufelsblume kann mit Hilfe ihres Abdomens und ihrer Unterflügel raschelnde Laute erzeugen (was auch die allermeisten anderen Gottesanbeterinnen können).

Die Teufelsblume ist eine Meisterin der Tarnung. Sie passt sich perfekt ihrem Lebensraum an und ist somit für Fressfeinde, aber auch und vor allem für Beute kaum zu identifizieren. Oft hängt die Teufelsblume nahezu regungslos kopfüber an einem kleinen Ast und beobachtet mutterseelenallein und mit der Kraft der Ruhe und Gelassenheit das wilde Treiben um sie herum. Dabei bewegt sie in Slow-Motion-Manier ihren dreieckigen Kopf, der für Gottesanbeterinnen so charakteristisch ist.

Die Eipakete der Gottesanbeterinnen (und Schaben) heißen Ootheken (siehe Insekt 67). Dies sind spezielle Kokons, in denen die Eier untrennbar miteinander verklebt sind. Bei der Teufelsblume sind diese in etwa fünf Zentimeter groß, oval oder kastenförmig und hell- bis dunkelbraun.

Art Gattung Familie Idolomantis diabolica, Idolomantis, Empusidae | **Verbreitung** Ostafrika | **Größe** Größe 120–150 Millimeter Länge, 140–170 Millimeter Flügelspannweite | **Habitat** trockene, buschige Landschaften | **Vorkommen** ganzjährig | **Ernährung** Larve, Imago: kleine Fluginsekten, kleine Vögel | **Hinter die Ohren schreiben** Gottesanbeterinnen sind keine Außerirdischen! Oder etwa doch?

EINTAGSFLIEGEN (EPHEMEROPTERA)

102 Theiß-Eintagsfliege
Theiß statt Schweiß

Die Theiß war einst der fischreichste Fluss Europas. Der längste Donauzubringer entsteht in der Ukraine, fließt durch Rumänien, Ungarn, die Slowakei und mündet in Serbien in die Donau. Und genau dort, genauer gesagt im Bereich der ungarischen Theiß, also einzig und allein dort, hat sich die größte europäische Eintagsfliege entwickelt, die Theiß-Eintagsfliege. Sie kann bis zu 120 Millimeter lang werden.

Ebenso wie alle anderen Eintagsfliegen-Arten kann die Theiß-Eintagsfliege die Flügel nicht nach hinten auf den Hinterleib legen. Stattdessen werden sie in der Ruhe über dem Rücken hochgeklappt. Ein Mechanismus, der bei vielen Fluginsekten zum Tragen kommt. Vergleichbar mit den Scherentüren des Alfa Romeo Carabo. Eigentlich viel cooler, oder?

Eintagsfliegen-Larven stellen wichtige Indikatoren für die Gewässergüte dar. Ab der Gewässergüteklasse III, der alpha-mesosaproben Stufe, kommen keine Larven mehr vor. Sie leben bis zur Metamorphose im Potamal, also im Unterlauf des Fließgewässers. Die letzte Häutung der Larven findet an der Wasseroberfläche oder an Land statt. Aus der Larvenhaut schlüpft eine noch nicht geschlechtsreife, aber flugfähige Subimago. Diese häutet sich binnen einiger Minuten bis Stunden ein weiteres Mal und wird so zur flugfähigen Imago.

Die Theiß-Eintagsfliege stellt in ihrem Habitat einen beachtlichen Anteil der Arten des Makrozoobenthos dar, sprich der Gesamtheit der tierischen Organismen bis zu einer definierten Größe. Das ist wichtig und richtig so, denn das Leben um die Theiß-Eintagsfliege und drum herum gedeiht prächtig und mächtig, weil sie, ohne es selbst zu wissen, die Nahrungsgrundlage für viele Fische, Insekten und Co. darstellt.

Eintagsfliegen sind ein wichtiger ökologischer Faktor innerhalb ihres Habitats und in den Ökosystemen, die sie besiedeln. Nicht umsonst sind sie die ältesten bekannten Flügeltiere unserer Erde.

Art Gattung Familie Palingenia longicauda, Palingenia, Palingeniidae | **Verbreitung** Bereich der ungarischen Theiß | **Größe** 80–120 Millimeter Länge, 60–80 Millimeter Flügelspannweite | **Habitat** Bereich der ungarischen Theiß | **Vorkommen** Mai–Okt. | **Ernährung** Larve: Gewässersediment; Imago: nimmt keine Nahrung auf | **Hinter die Ohren schreiben** Eintagsfliegen sind Super»hero«fliegen!

103 Totenfliege
Wir wissen weder wie noch warum, aber wann!

Gestorben wird immer und überall, zu jeder Tag- und Nachtzeit, zu jeder Jahreszeit in jedem kleinsten nur erdenklichen Winkel der Erde. Und ebenso gemordet. Warum? In beiden Fällen wohl eine evolutionsbiologische Programmierung. Mindestens bei Letzterer ein Fehlprogramm. Und in beiden Fällen ist es generell Usus, den Grund, die Ursache, das Motiv herausfinden zu wollen. Bei Morden meist die Aufgabe von Kriminalbeamten, Kriminalbiologen und Kriminalroman-Autoren.

Schmeißfliegen wie die Totenfliege sind ein vorzüglicher Indikator des Todeszeitpunktes einer Leiche oder eines Kadavers und somit in der forensischen Medizin die Objekte der Begierde. Allerhand Kleintiere, die meisten davon Insekten, besiedeln einen leblosen Körper in zeitlich gestaffelten Wellen und verschiedenen Phasen. Besiedlungsmuster und Larvengröße sind zwei Kriterien, die Auskunft über die Liegezeit geben. Entsprechend kann der Zeitpunkt des Todes mittels Totenfliegen und Co. relativ genau bestimmt werden. Insekten sei Dank!

Die tagaktive Totenfliege, auch Friedhofsfliege genannt, scheint mit ihrem metallisch-blaugrünen Körper wie aus dem 3-D-Drucker geflattert, oder wie eine dieser Roboterfliegen, die bei Blockbustern wie »Mission Impossible« und dergleichen Spionage- oder Bombenlegerarbeiten verrichten. Die Totenfliege legt ihre Eier auch gern an tote Fische. Jede Schmeißfliegenart hat in der Hinsicht ihre Präferenzen entwickelt. Während die Weibchen auf Blüten, Kot und Aas abfahren, legen sich die Männchen gern mal auf die faule Haut. Sie lieben es, sich die Sonne aufs Gemüt scheinen zu lassen. Und zwar durchaus an exponierten Orten, sprich da, wo sie jeder sehen kann. Oft ein gefundenes Fressen für Vögel und andere fliegenverspeisende Kleintiere. Die Sonnenanbeter nehmen das Risiko, gefressen zu werden, auf sich, schließlich ist das Leben viel zu kurz, um der Sonne den Rücken zu kehren.

Art Gattung Familie Cynomya mortuorum, Cynomya, Schmeißfliegen | Verbreitung Europa, Asien, Nordamerika | Größe 7–18 Millimeter Länge, 12–23 Millimeter Flügelspannweite | Habitat Waldränder, Wiesen, Hecken-Biotope, Gärten | Vorkommen Mai–Sept. | Ernährung Larve, Imago: Aas, Kot, Pollen | Hinter die Ohren schreiben Schmeißfliegen gehören zu den wichtigen Insekten, die sich um all unsere Toten kümmern!

ZWEIFLÜGLER (DIPTERA)

104 Totenkopfschwebfliege
Batmans Verbündete

Eine Schwebfliege mit totenkopfähnlicher Zeichnung. Ja, auch das kommt im Reich der Insekten vor. Denn letztlich gilt: Nichts ist unmöglich (und alles ist möglich) im Reich der Insekten. Denn dieses Reich ist gigantisch, die Evolution hat sich über die Jahrmillionen ausgetobt. Das Totenkopf-Muster oder für Fledermausfans gern auch das Batman-Wappen befindet sich auf dem Mesonotum, also dem Rückenschild.

Die Totenkopfschwebfliege kommt sehr häufig vor und ist eine Schwebfliegenart, die ihre Eier nicht auf Kot, Aas oder Leichen absetzt, wie es die meisten tun, sondern in schlammigem Wasser. Besonders beliebt sind zum Beispiel Pfützen und kleine Wasserlachen auf landwirtschaftlichen Wegen. Ein perfektes Milieu für die Entwicklung der Totenkopfschwebfliegenlarven.

Insekten lassen sich ja allerhand einfallen, wenn es darum geht, den potenziellen Fressfeinden den Beutefang so schwer wie möglich zu machen. Nennt sich auch Selbstschutz. Die Totenkopfschwebfliege macht das zum Beispiel mittels eines äußerst unruhigen Flugverhaltens. Beinahe könnte man meinen, dass sie nie richtig fliegen gelernt hat. Jetzt lernen Insekten das Fliegen nicht so wie wir zum Beispiel das Fahrradfahren, Fluginsekten beherrschen in aller Regel das Fliegen bis hin zur Perfektion. Bei der Totenkopfschwebfliege ist das anders, wobei auch ein unruhiger Flug nicht ohne ist. Mit ihrem Flugverhalten verschreckt sie Insekten und Kleintiere, darunter auch diejenigen, die sie zum Fressen gernhaben.

Wie viele andere Schwebfliegenarten auch kommt die Totenkopfschwebfliege als Larve bei der biologischen Schädlingsbekämpfung zum Einsatz. In »Batman-Weltretter-Manier« hält sie außer Kontrolle geratene Blattlauspopulationen in Schach. Und auch die Imagines verrichten einen wichtigen Job, denn sie bestäuben für ihr Leben gern Blüten. Die Totenkopfschwebfliege ist ein vorbildlicher Nützling erster Güte!

Art Gattung Familie Myathropa florea, Myathropa, Schwebfliegen | **Verbreitung** Europa, Asien | **Größe** 10–14 Millimeter Länge, 18–22 Millimeter Flügelspannweite | **Habitat** Gärten, Waldränder, Felder, Parks, Wiesen, blütenreiches Offenland, verbuschte Halbtrockenrasen | **Vorkommen** April–Okt., Überwinterung als Ei | **Ernährung** Larve: faulende und abgestorbene organische Stoffe, Pflanzenreste; Imago: Blütenpollen, Blütennektar | **Hinter die Ohren schreiben** Schwebfliegen dezimieren Blattlauspopulationen und sind zusätzlich wichtige Bestäuber!

105 _ Totes Blatt (Mantodea)
Tarnung à la Mantis

Wer nicht genau hinsieht, der meint, lediglich ein verdorrtes Blatt vor der Linse zu haben. Ein abgestorbenes, einstmals grünes, saftiges Blatt eines Baumes. Aber das vermeintlich tote Blatt ist alles andere als tot. Das tote Blatt oder besser gesagt, das Tote Blatt, auch Totes-Blatt-Mantis genannt, ist schrecklebendig: eine blattimitierende Fangschrecke!

Sie ist eine Meisterin der Tarnung. Und unter Gottesanbeterinnen-Anbetern äußerst beliebt – fürs Terrarium. Im Internet wird das Tote Blatt zu etwa zehn Euro das Stück gehandelt. Ein Pärchen, klassisch bestehend aus Weibchen und Männchen, gibt es zum Doppelpack-Preis von 17,50 Euro. Sie gelten als einfach zu halten und nicht ganz so schreckhaft wie die meisten anderen Fangschrecken.

Ob man dennoch ein exotisches Insekt bei sich zu Hause in unseren Breitengraten in einem Glaskäfig halten muss, sei mal dahingestellt. Tote Blätter gehören dahin, wo sie hingehören: in ihr natürliches Habitat.

Für gewöhnlich tragen die Toten Blätter einen Braunton. Es gibt sie von gesprenkeltem Braun bis hin zu Mittel- und Dunkelbraun. Doch wenn ihnen unwohl ist, sprich irgendetwas im Busch ist, es ihnen gesundheitlich schlecht geht, sie malade sind, dann färben sie sich Schwarz. Das ist ähnlich wie bei uns, wenn wir mal einen über den Durst trinken und sich die Farbe unseres Antlitzes rot färbt.

Wie es für Schaben und Fangschrecken üblich ist, legen die Weibchen einen Monat nach der Paarung ein bis sechs Oothek en ab, in denen sich jeweils etwa 100 Eier befinden. Eine Oothek ist ein meist taschenförmiges Gebilde, das für die Eiablage gebildet wird. Es ist ein fester und kompakter Kokon.

Die in ihm befindlichen Eier sind untrennbar miteinander verklebt. Der Kokon bietet ihnen einen Rundumschutz. Vor Umwelteinflüssen, Fressfeinden und Witterung, aber auch vor einer Vielzahl von Chemikalien.

Art Gattung Familie Deroplatys lobata, Deroplatys, Mantidae | **Verbreitung** Thailand, Borneo, Java | **Größe** 45–80 Millimeter Länge, 60–100 Millimeter Flügelspannweite | **Habitat** Tropenwälder, Laubschichten, Baumstämme | **Vorkommen** ganzjährig | **Ernährung** Larve, Imago: bodenbewohnende kleine Tiere | **Hinter die Ohren schreiben** Es gibt weltweit über 2.000 Gottesanbeterinnen-Arten! Bei Bedrohung lassen sich Totes-Blatt-Männchen und -Nymphen einfach fallen und bleiben teils minutenlang bewegungslos liegen: die altbewährte »Ich-bin-tot«-Masche!

NETZFLÜGLER (NEUROPTERA)

106 — Totes Blatt (Taghafte)
Ein quicklebendiges Totes Blatt

Wie jetzt? Zweimal das gleiche Insekt? Haben die Autoren gepennt? Ein Druckfehler? Seite nicht umgeblättert? Nichts dergleichen! Das vorangestellte Tote Blatt ist eine Fangschrecke, sprich Gottesanbeterin. Dieses Tote Blatt ist hingegen ein Netzflügler, um genau zu sein ein Taghafter. Zwei Insektenarten mit dem exakt gleichen Namen? Das gibt's doch nicht! Und ob es das gibt!

Dieses Tote Blatt ist auch unter dem Namen Blattlauslöwe bekannt und die größte Art in der Familie der Taghafte. Ebenso wie sein Vorgänger (siehe Insekt 105) bedient sich das Insekt der Mimese, sprich es tarnt sich, indem es die Gestalt, Farbe und Haltung eines zu seinem Habitat gehörenden natürlichen organischen Teils nachahmt. In diesem Fall ist es wie beim Vorgänger ein verwelktes, also totes Blatt.

Wie verstecken sich Tote Blätter, wenn sie in Gefahr sind? Sie machen es wie die Schildkröten, sie ziehen den Kopf ein. Und zwar in das Costalfeld, sprich ins vorderste Flügelfeld. Und schon ist die Tarnung perfekt, jetzt sind nur noch die nach oben positionierten Flügel sichtbar, die die identische Form eines Blattes haben.

Wie auch viele andere Netzflügler werden die Toten Blätter zu den Nützlingen gezählt. Sie ernähren sich sowohl als Larve als auch als Imago überwiegend von Blattläusen. Deshalb auch der Trivialname Blattlauslöwe, den Sie bisher schon ein paar Mal haben lesen dürfen, auch in der Abwandlung Ameisenlöwe (siehe Insekt 31 und Insekt 36).

Die Larven des Toten Blattes sind äußerst beweglich und saugen weltmeisterlich. Je nach Stadium, in dem sie sich gerade befinden, können sie zwischen 15 und 30 Blattläuse täglich vertilgen. Das kommt nicht ganz an das Niveau von manch Marienkäfer (siehe Insekt 93) oder Netzflügler-Verwandten (siehe Insekt 36) heran, aber verstecken brauchen sie sich nicht. Sie sind grandiose Nützlinge, als Larve und als Imago!

Art Gattung Familie Drepanepteryx phalaenoides, Drepanepteryx, Taghafte | **Verbreitung** Europa | **Größe** 5–10 Millimeter Länge, 10–17 Millimeter Flügelspannweite | **Habitat** Flachland, lichte Wälder, Parks, Gärten | **Vorkommen** Feb.–Nov. | **Ernährung** Larve, Imago: Blattläuse | **Hinter die Ohren schreiben** Netzflügler sind Nützlinge!

HAUTFLÜGLER (HYMENOPTERA)

107 Westliche Honigbiene
Bedeutend, bedeutender, Honigbiene

Bei der Honigbiene sind wir uns alle einig: was für ein mördermäßig nützliches und bedeutendes Insekt. Und dabei auch noch so schön flauschig-filigran und grundsätzlich friedlich. Kommt irgendein anderes Insekt an das blendende Image der Honigbiene ran? Wohl kaum. Erledigt ein anderes Insekt tagtäglich seit Millionen von Jahren einen wichtigeren Job auf unserer Erde? Wohl nur wenige. Kaum ein Insekt ist so gut erforscht wie die Honigbiene.

Die Westliche Honigbiene ist weltweit die Nummer-eins-Bestäuberin von Blütenpflanzen. Man vermutet, dass etwa 80 Prozent aller Pflanzenarten sich der Fremdbestäubung bedienen, und ebenso geht man davon aus, dass die Westliche Honigbiene 80 Prozent dieser Pflanzenarten bestäubt. Das ist nicht ohne. Ganz klar rekordverdächtig. Die Westliche Honigbiene wird im Nutztierranking nach Rindern und Schweinen an Position Nummer drei gesetzt.

Bereits Albert Einstein wusste: »Wenn die Biene einmal von der Erde verschwindet, hat der Mensch nur noch vier Jahre zu leben. Keine Bienen mehr, keine Bestäubung mehr, keine Pflanzen mehr, keine Tiere mehr, keine Menschen mehr.« Würden wir Menschen verschwinden, ergäbe sich ein ganz anderes Bild: Alle anderen Lebewesen würden applaudieren!

Die Honigbiene ist verantwortlich für ökologische Artenvielfalt und sichert uns eine Vielzahl an Nahrungsmitteln. Viele Kulturpflanzen wie Maracuja, Vanille oder Kakao sind zu 100 Prozent auf die Bestäubung durch Honigbienen angewiesen. Und bereits vor knapp 10.000 Jahren haben wir Menschen angefangen, die Honigbiene zu domestizieren. Honig und Wachs sind dabei die natürlichen Produkte der Begierde.

Aber wir alle haben vom andauernden weltweiten Bienensterben gehört. Besorgniserregend. Es gibt viele Gründe: veränderte Umwelteinflüsse, die Varroa-Milbe, Insektizide, geschwächte Immunabwehr. Fest steht aber: Die Bienen müssen gerettet werden.

Art Gattung Familie Apis mellifera, Honigbienen, Echte Bienen | **Verbreitung** weltweit | **Größe** Größe 12–20 Millimeter Länge, 16–24 Millimeter Flügelspannweite | **Habitat** bei uns selten in freier Natur, Bienenkästen, Bienenstock aus Wachs, Felder, Wiesen, Wälder, Bergtäler | **Vorkommen** ganzjährig, hält jedoch Winterschlaf | **Ernährung** Larve, Imago: Nektar, Pollen | **Hinter die Ohren schreiben** Ein Bienenstock kann jährlich bis zu 60 Kilogramm Blütenpollen und 150 Kilogramm Blütennektar sammeln! Die Deutsche Post erlaubt das Versenden von lebenden Bienen! Jedoch nicht in Wertsendungen! Bienen sind jedoch die wertvollste Fracht überhaupt!

SCHMETTERLINGE (LEPIDOPTERA)

108 Zitronenfalter
Ein Männerkleid in Zitronengelb

Der Zitronenfalter gilt als einer der langlebigsten Schmetterlinge in unseren heimischen Gefilden. Ein Methusalem? Weit gefehlt! Lediglich bis zu zwölf Monate weilt er als lebendiger Falter auf Mutter Erden. Für einen Schmetterling aber ganz schön lange. Die meisten Schmetterlinge überwintern nicht und segnen hin zum vierten Jahresquartal das Zeitliche. Der Zitronenfalter hingegen überlebt auch kalte Winter, indem er sich der Methode der Winterstarre bedient, wie es auch Frösche und Eidechsen machen. Er verbringt den Winter also als steifgefrorenes lebendiges Fossil.

Sein Trick ist so genial wie verblüffend zugleich. Wenn die kalte Jahreszeit im Vormarsch ist, sieht er zu, dass er so viel körpereigenes Wasser abgibt wie möglich. Wo kein Wasser ist, kann auch nichts gefrieren. Doch ganz ohne Wasser kann auch der Zitronenfalter nicht. Aber da kommt der nächste Trick zum Einsatz. Eine Art Frostschutzmittel im Blut sorgt dafür, dass das Blut nicht gefriert. Der Zitronenfalter kann Temperaturen aushalten, die bis runter auf minus 20 Grad gehen. Das kann kein anderes Insekt!

Der Zitronenfalter hängt den Winter über relativ ungeschützt vor Kälte und Wind wie tot in einem Gebüsch. Ein Phänomen, das auch im Sommer beobachtet werden kann. Denn auch in den warmen Monaten hält er eine Art Sommerschlaf, der genau genommen eine Sommerstarre ist. Diese kommt dann zum Einsatz, wenn es ihm zu heiß wird. Der Zitronenfalter hängt die Hälfte seines Lebens in Gebüschen herum. Sowohl im Sommer als auch im Winter. Da hängt einer eben gern!

Intensiv zitronengelb gefärbt sind nur die Männchen des Zitronenfalters, die Weibchen hingegen sind blass grünlich-weiß. Und gemeinsam sind sie in der Regel die ersten Frühlingsboten, noch vor ihren Verwandten, dem Kleinen Fuchs und dem Tagpfauenauge (siehe Insekt 99). Und nein, Zitronenfalter machen aus Zitronen keine Limonade.

Art Gattung Familie Gonepteryx rhamni, Gonepteryx, Weißlinge | **Verbreitung** Europa, Asien | **Größe** 15–25 Millimeter Länge, 50–55 Millimeter Flügelspannweite | **Habitat** Wälder, Waldränder, grasbewachsene und felsige Hänge mit viel Sonne | **Vorkommen** ganzjährig | **Ernährung** Raupe, Imago: Nektar | **Hinter die Ohren schreiben** Zitronenfalter sind einer von Tausenden und Abertausenden Beweisen, dass Insekten in ihrer Gesamtheit die ultimativen Lebewesen unserer Erde sind!

LIBELLEN (ODONATA)

109 Zweigestreifte Quelljungfer

Was für dich lästig ist, ist ein Schmaus für uns

Wir Quelljungfern lieben Lästlinge. Sie schmecken deliziös! Für uns gibt es keine Lästlinge, sondern nur Schmauslinge. Es seid ja ihr Menschen, die manche Insekten, wie Fliegen, Mücken oder Wespen, als Lästlinge empfinden. Ganz schön überheblich! Aber nun gut, so seid ihr halt. Ist aber trotzdem keine Entschuldigung. Ihr müsst echt entspannter werden gegenüber vermeintlichen Lästlingen.

Nun ja, jedenfalls fressen wir all diese Insekten, die euch auf irgendeine Weise auf den Zeiger gehen. Wir vertilgen den ganzen lieben Tag lang etliche Fliegen, Mücken und dergleichen. Und halten sie euch so teils vom Leibe. Ganz umsonst. Wir verlangen nichts dafür. Gern geschehen.

Wobei, wir würden die Möglichkeit gern nutzen und doch etwas verlangen: Könnt ihr aufhören, uns Insekten als unnützes Zeug abzustempeln? Wir sind auch Lebewesen und waren schon viel früher hier als ihr. Und mit früher ist mehr als nur ein paar Jahre gemeint. Und mal ganz ehrlich, wir nutzen euch viel mehr als ihr uns. Um deutlicher zu werden: Ihr habt für uns in der Tat keinen Nutzen! Gar keinen! Im Gegenteil, ohne euch würde es uns viel besser gehen. Fakt ist also: Ihr seid die Lästlinge! Und nicht nur das, sondern vor allem: Schädlinge! Schämt euch!

Übrigens zählen wir zu den größten heimischen Libellen. Das soll euch jetzt keine Angst machen, denn weder beißen noch stechen wir. Letztlich kommen wir euch sowieso so gut wie nie nahe. Dürfen wir ehrlich sein? Wir können euch nicht riechen! Aber nicht nur weil wir keine Nase haben, denn zum Riechen haben wir unsere Fühler, sondern weil wir euch schlichtweg nicht leiden können. Klingt hart? Selbst schuld! Fangt an, euch gegenüber Insekten respektvoll zu benehmen, und wir überdenken gern noch mal unser Bild von euch. Danke schön! Wir übergeben an das nächste Insekt.

Art Gattung Familie Cordulegaster boltonii, Cordulegaster, Quelljungfern | **Verbreitung** Europa | **Größe** 75–85 Millimeter Länge, 90–110 Millimeter Flügelspannweite | **Habitat** kleine Fließgewässer, Mittelgebirge, Gebirgsbäche | **Vorkommen** Juni–Aug. | **Ernährung** Larve, Imago: kleine Fluginsekten | **Hinter die Ohren schreiben** Libellen sind wunderschöne Nützlinge!

110 — Zweipunkt-Marienkäfer
Ein dramatischer Thriller

Wie eine eingeschleppte Marienkäferart es schafft, eine heimische nahezu auszurotten, kann am Beispiel des Zweipunkt-Marienkäfers aufgezeigt werden. Der Bösewicht in diesem Insektenkrimi ist der Asiatische Marienkäfer (siehe Insekt 2). Dieser hat blinde Passagiere mit an Bord gehabt. Und zwar Mikrosporiden. Das sind einzellige parasitische Pilze. Und wer hat keine Immunabwehr gegen diese Einzeller? Richtig, die heimischen Marienkäferarten, allen voran der Zweipunkt-Marienkäfer. Den hat es bisher am härtesten getroffen. Er ist stark vom Aussterben bedroht, wo er doch vor gar nicht allzu langer Zeit zu den zwei häufigsten heimischen Marienkäferarten gehörte.

Schuld ist der Zweipunkt-Marienkäfer selbst? Nun ja, es ist schon richtig, der Zweipunkt-Marienkäfer verputzt die mit dem Parasiten infizierten Larven des Asiatischen Marienkäfers und frisst sein Todesurteil also mit. Hat ein bisschen was von einem Trojanischen Pferd. Der Zweipunkt-Marienkäfer hat keine Ahnung, dass er die Finger von den Larven lassen sollte. Woher denn auch?

Marienkäfer symbolisieren wie kein anderes Insekt den biologischen Pflanzenschutz. Sie sind durch und durch Nützlinge. Zweipunkt-Marienkäfer gegen Blattläuse und -flöhe einzusetzen ist ein probates Mittel. Es gibt den Zweipunkt-Marienkäfer in zweierlei Varianten. Einmal in roter Farbe mit zwei schwarzen Punkten und einmal in schwarzer Farbe mit zwei roten Punkten. Kein Witz! Klingt kurios? Ist es auch. Aber auch die Natur macht sich hin und wieder mal ein Späßchen. Die Variante mit den schwarzen Flügeldecken ist ein Ausdehnen der schwarzen Punkte.

Der Zweipunkt-Marienkäfer ist ein Überwinterer. Wie auch andere Marienkäferarten sucht er dazu gern unsere Behausungen auf, aber meist bevorzugt er eine natürliche Umgebung. Sein Winterquartier ist die Baumrinde. Dort verkriecht er sich und überlebt so die kalten Wintermonate.

Art Gattung Familie Adalia bipunctata, Adalia, Marienkäfer | **Verbreitung** Europa, Asien, Nord- und Mittelamerika | **Größe** 3–6 Millimeter Länge, 10–14 Millimeter Flügelspannweite | **Habitat** Gärten, Wälder | **Vorkommen** ganzjährig, aktiv April–Okt. | **Ernährung** Blattläuse, Blattflöhe | **Hinter die Ohren schreiben** Marienkäfer mögen wir in der Regel alle, weil sie so schön sind! Aber nicht vergessen, sie sind in erster Linie effiziente Nützlinge.

KÄFER (COLEOPTERA)

111 Zweiundzwanzigpunkt
Ich bin gelb, und ihr seid doof!

Ich, der leuchtend gelbe Zweiundzwanzigpunkt, habe nun die Ehre, das letzte Insekt in dieser spektakulären Sammlung von 111 außergewöhnlichen, die Welt rettenden Insekten zu sein. Da will ich es mir nicht nehmen lassen, höchstpersönlich vorzusprechen. Eine Möglichkeit, die bereits einige andere vor mir genutzt haben (siehe zum Beispiel Insekt 7, 18, 83, 88 und 109).

Bereits mein Vorgänger, der Zweipunkt-Marienkäfer, gehört zu meiner Familie. Und zwei weitere von uns haben Sie auch kennenlernen dürfen. Wir sind schon eine coole Familie, oder? Wir Marienkäfer gelten generell ja als recht possierlich, mitunter sogar süß und niedlich. Auch wenn der Asiatische Marienkäfer und manch anderer Marienkäfergenosse über die Stränge schlägt. Aber es gibt in jeder Familie ein paar Ausreißer.

Wir Zweiundzwanzigpunkte sind natürlich, wie all unsere Verwandten, in erster Linie Lebewesen. Das ist wichtig, denn das seid auch ihr in erster Linie. Dass wir Nützlinge sind, das kommt erst an zweiter Stelle. Wir ernähren uns ausschließlich von Mehltaupilzen, die als Pflanzenschädlinge gelten.

Wünschenswert wäre es, wenn ihr, liebe Menschen, uns Insekten, und damit meine ich ausnahmslos alle, also auch die nicht so possierlichen und niedlichen, sondern auch die hässlichen, ekligen oder wie ihr sie bezeichnen wollt, als das anseht, was wir sind: Lebewesen! Habt Respekt gegenüber uns und unserer Lebensweise. Auch wir haben ein Recht, auf dieser Erde in Frieden zu leben.

Und ihr, liebe Menschen, dürft nie vergessen: Wir retten euch allen täglich den Arsch. Ohne uns überlebt ihr nicht einmal sechs Monate. Ohne uns hätte sich dieser Planet, und damit meine ich uns alle, also alle und alles, was auf der Erde sprießt, gedeiht und lebendig ist, niemals als ein durch die Galaxie reisender habitabler Ort entwickeln können. Schreibt euch das hinter die Ohren! Insekten-Highsix! Tschüss!

Art Gattung Familie Psyllobora vigintiduopunctata, Psyllobora, Marienkäfer | **Verbreitung** Europa, Asien | **Größe** 3–5 Millimeter Länge, 7–10 Millimeter Flügelspannweite | **Habitat** Waldränder, Gärten, Wiesen | **Vorkommen** ganzjährig, aktiv April–Sept. | **Ernährung** Larve, Imago: Mehltaupilze | **Zum Schluss noch mal zum Mitschreiben** Insekten sind vom Aussterben bedroht! Was ein Asteroid für die Dinosaurier war, ist die Menschheit für die Insekten! Insekten sind Lebewesen! Insekten sind Tiere! Insekten gehören respektiert! Insekten retten uns täglich den Arsch! Die hier präsentierten 111 Insekten sind nur ein ganz winziger Teil von allen Insekten, die täglich in irgendeiner Art und Weise unsere Welt retten! Lassen Sie uns alle ab sofort besser auf unsere Weltretter aufpassen!

INSEKTEN

Eingeschnittene Kunstwerke
Mit einschneidender Erfahrung
Immerfort im Drang des Lebens.
Flügelschlagen, Summen, Surren
So schön lebendig farbig fleißig
(Demut, Harmonie und Offenheit)
VERSTUMMEN – bald für immer fort?

Zahlen und Fakten

Es gibt weltweit über 1,5 Millionen bekannte und beschriebene Insektenarten. Über 33.000 davon leben in Deutschland und Österreich. Weit über 100.000 davon in Europa. Es werden weitere Millionen unentdeckter Insektenarten weltweit vermutet. In den Regenwäldern leben 80 Prozent aller bekannten Insektenarten.

Insekten bevölkern bereits seit über 400 Millionen Jahren die Erde. Insekten sind Nahrungsquelle, Bestäuber, Regulatoren und Verwerter. Insekten sind für Mensch und Natur unersetzlich.

80 bis 90 Prozent aller bekannten Tierarten sind Insekten. Insekten sind die erfolgreichste und vielfältigste Tiergruppe der Erde. Insekten sind für das Gleichgewicht der Ökosysteme unentbehrlich.

80 bis 90 Prozent aller Pflanzen werden durch Tiere bestäubt, hauptsächlich durch Insekten. Arbeiterinnen eines Bienenstocks können 2 bis 3 Millionen Blüten pro Tag besuchen. Der volkswirtschaftliche Nutzen durch Insektenbestäubung von Agrarpflanzen beträgt 2,5 Milliarden Euro.

Es gibt mehr als 75 Prozent Verlust an Biomasse bei Fluginsekten in den letzten 30 Jahren. Über 40 Prozent der bestäubenden Insektenarten sind vom Aussterben bedroht. 40 Prozent der Insektenarten weisen eine negative Entwicklung auf. Einige Ursachen des Insektensterbens: Intensive Landwirtschaft, Pestizide, Insektizide, Monotonie, Flächenfraß, Klimawandel.

Insekten sind die erfolgreichsten Organismen auf der Erde. Insekten sind auf jedem Kontinent vertreten, sogar auf den Weltmeeren. Insekten sind Meisterwerke der Evolution.

Jedes einzelne Insekt zählt. Insekten sind die wahren Herrscher der Erde. Insekten retten uns taglich den Arsch.

Fotonachweis

Kapitel 1: pixabay.com/Kathy2408; Kapitel 2: pixabay.com/kie-ker; Kapitel 3: shutterstock.com/makeitahabit; Kapitel 4, 96: WikimediaCommons/Ivar Leidus; Kapitel 5: WikimediaCommons/Peter Halasz; Kapitel 6: WikimediaCommons/Fritz Geller-Grimm; Kapitel 7: WikimediaCommons/Amada44; Kapitel 8, 48: pixabay.com/Schwoaze; Kapitel 9: WikimediaCommons/Didier Descouens; Kapitel 10: pixabay.com/D Mz; Kapitel 11: flickr.com/kuhnmi; Kapitel 12: shutterstock.com/rinrin80; Kapitel 13: shutterstock.com/Pentium5; Kapitel 14: shutterstock.com/Victor Suarez Naranjo; Kapitel 15: WikimediaCommons/Lmbuga; Kapitel 16: shutterstock.com/Marek Mierzejewski; Kapitel 17: WikimediaCommons/Uli von Oben; Kapitel 18: WikimediaCommons/Andy Murray; Kapitel 19: shutterstock.com/Edvard Mizsei; Kapitel 20: WikimediaCommons/xulescu_g; Kapitel 21, 23: shutterstock.com/Yzoa; Kapitel 22: pixabay.com/Krzysztof Niewolny; Kapitel 25, 104: WikimediaCommons/Gilles San Martin; Kapitel 26: pixabay.com/mkoziol; Kapitel 27: shutterstock.com/SARIN KUNTHONG; Kapitel 28: shutterstock.com/kraichgaufoto; Kapitel 29: shutterstock.com/Tessa Palmer; Kapitel 30: shutterstock.com/PHOTO FUN; Kapitel 31: WikimediaCommons/NobbiP; Kapitel 32: flickr.com/Jean-Raphaël Guillaumin; Kapitel 33: shutterstock.com/alslutsky; Kapitel 34: shutterstock.com/Vitalii Hulai; Kapitel 35: flickr.com/Björn; Kapitel 36: shutterstock.com/Ox Karol; Kapitel 37: shutterstock.com/Bildagentur Zoonar GmbH; Kapitel 38: flickr.com/Charlie Jackson; Kapitel 39, 94: flickr.com/AJ Cann; Kapitel 40, 64: flickr.com/Thomas Bresson; Kapitel 41: shutterstock.com/Alonso Aguilar; Kapitel 42: WikimediaCommons/Frank Vassen; Kapitel 43, 47: flickr.com/Udo Schmidt; Kapitel 44, 108: pixabay.com/miniformat65; Kapitel 45: shutterstock.com/yusuf kurnia; Kapitel 46: shutterstock.com/Maciej Olszewski; Kapitel 49, 49: WikimediaCommons/Dagmar Struss; Kapitel 50, 67, 90: flickr.com/Ferran Pestaña; Kapitel 51: WikimediaCommons/Haeferl; Kapitel 52: shutterstock.com/IanRedding; Kapitel 53: shutterstock.com/johanneviloria; Kapitel 54: flickr.com/Jean-Daniel Echenard; Kapitel 55: shutterstock.com/Ernest Cooper; Kapitel 56: shutterstock.com/Muddy knees; Kapitel 57: pixabay.com/KleeKarl; Kapitel 58, 62, 63, 81, 105, 106: flickr.com/Frank Vassen; Kapitel 59: shutterstock.com/Gherzak; Kapitel 60: WikimediaCommons/André Karwath; Kapitel 61: shutterstock.com/Florian Teodor; Kapitel 65: shutterstock.com/Eileen Kumpf; Kapitel 66: flickr.com/Mario Yordanov; Kapitel 68, 71: WikimediaCommons/Kryp; Kapitel 69: WikimediaCommons/Jarekt; Kapitel 70: flickr.com/Gilles San Martin; Kapitel 72: shutterstock.com/Amam ka; Kapitel 73: shutterstock.com/Fabio Sacchi; Kapitel 74: flickr.com/Nikita; Kapitel 75: shutterstock.com/photowind; Kapitel 76: pixabay.com/dempseylisa; Kapitel 77: shutterstock.com/NH; Kapitel 78: shutterstock.com/Protasov AN; Kapitel 79: WikimediaCommons/RenataPUG; Kapitel 80: WikimediaCommons/IKAl; Kapitel 82: invertebradosdehuesca.com; Kapitel 83: pixabay.com/Katzenspielzeug; Kapitel 84: Phio Arts/Philipp Latini; Kapitel 85: flickr.com/Martin Cooper; Kapitel 86: shutterstock.com/Koldunov Alexey; Kapitel 87: shutterstock.com/Marek Velechovsky; Kapitel 88: shutterstock.com/Tomatito; Kapitel 89, 93: pixabay.com/Hans; Kapitel 91: shutterstock.com/Alexlky; Kapitel 92: pixabay.com/barskefranck; Kapitel 95: shutterstock.com/Sergey Burbona; Kapitel 97: flickr.com/Joshua Mayer; Kapitel 98: shutterstock.com/Tomasz Klejdysz; Kapitel 99: flickr.com/Hedera Baltica; Kapitel 100: shutterstock.com/Jaro Mikus; Kapitel 101: WikimediaCommons/Drägüs; Kapitel 102: flickr.com/Mirjana Rankov; Kapitel 103: WikimediaCommons/Bernard Dupont; Kapitel 107: pixabay.com/Catkin; Kapitel 109: flickr.com/Gail Hampshire; Kapitel 110: shutterstock.com/Kazakov Maksim; Kapitel 111: flickr.com/Donald Hobern

Danksagung

DANKE Sonja Erdmann. Hat das Buchprojekt von Anfang an mit Herzblut unterstützt!

DANKE Ines Engbarth. Hat die Fotoauswahl auf der Zielgeraden exzellent bereichert!

DANKE Saskia Römer. Hat das Manuskript bedeutend veredelt!

DANKE Insekten. Sind die wahren Herrscher der Erde und retten uns täglich den Arsch!

Gracias SJR y CAR! No hay mejor regalo que estar a vuestros lados, entre y rodeado de ustedes, haciendo y compartiendo vida. LQB!

Rolando Suárez
**111 Orte auf Gran Canaria,
die man gesehen haben muss**
ISBN 978-3-7408-0436-7

Theo Pagel, Brian Batstone
**111 Dinge über Elefanten,
die man wissen muss**
ISBN 978-3-7408-0349-0

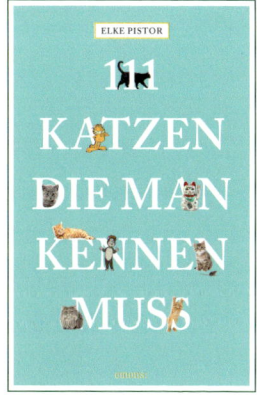

Elke Pistor
**111 Katzen, die man
kennen muss**
ISBN 978-3-95451-830-2

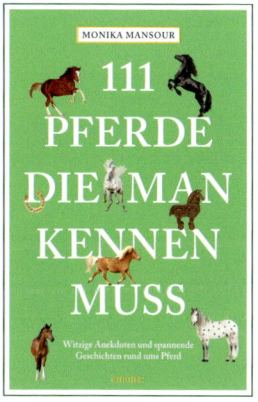

Monika Mansour
**111 Pferde, die man
kennen muss**
ISBN 978-3-7408-0444-2

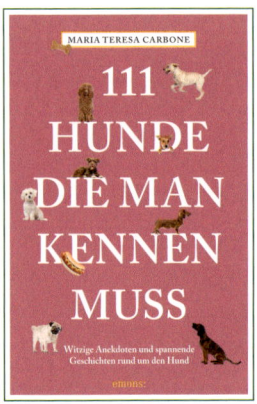

Maria Teresa Carbone
111 Hunde, die man kennen muss
ISBN 978-3-7408-0477-0

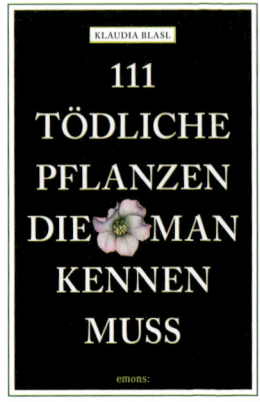

Klaudia Blasl
111 tödliche Pflanzen, die man kennen muss
ISBN 978-3-7408-0441-1

Carsten Neß, Theo Haart
111 Tiere und Pflanzen an der Mosel, die man kennen muss
ISBN 978-3-7408-0563-0

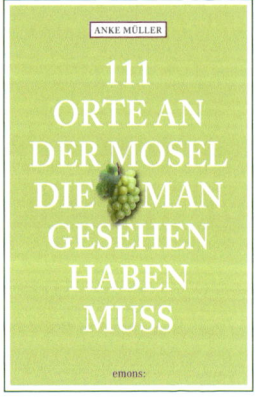

Anke Müller
111 Orte an der Mosel, die man gesehen haben muss
ISBN 978-3-95451-325-3

Stefanie Jung
111 Orte in Rheinhessen, die man gesehen haben muss
ISBN 978-3-95451-082-5

Marion Rapp
111 Schätze der Natur rund um den Bodensee, die man gesehen haben muss
ISBN 978-3-95451-619-3

Karin Blessing
111 Schätze der Natur im Schwarzwald, die man gesehen haben muss
ISBN 978-3-95451-701-5

Eva Grubmiller, Martina Neher
111 Schätze der Natur auf der Schwäbischen Alb, die man gesehen haben muss
ISBN 978-3-7408-0248-6

Holger Grumt Suárez studierte Hispanistik, Geschichte, Philosophie, germanistische Sprachwissenschaft, Komparatistik sowie Computerlinguistik und Texttechnologie in Gießen. Er ist Doktorand und Wissenschaftlicher Mitarbeiter an der Professur für Angewandte Sprachwissenschaft und Computerlinguistik der Justus-Liebig-Universität. Gemeinsam mit seinem Bruder Rolando Grumt Suárez schreibt er Geschichten. Aktuell bringen sie die Insekten auf den Plan – die wahren Herrscher unseres blauen Planeten. Ein Buch mit 111 faszinierenden Insekten, die alles andere als lästige Ungeziefer sind, sondern kleine hoch entwickelte Wunder und Kunstwerke der Natur, die uns täglich den Allerwertesten retten.

Roland Grumt Suárez schreibt. Mal einen Roman, mal einen Krimi, mal einen Thriller, auch schon mal ein Drehbuch, ein Theaterstück oder eine Bilderbuchgeschichte, und oft auch poetisch, nach Schablone, journalistisch oder kreativ-künstlerisch. Er hat über seine Heimatinsel den Bestseller »111 Orte auf Gran Canaria, die man gesehen haben muss« geschrieben. Nun hat er sich einem hochaktuellen Thema gewidmet: den Insekten. Denn es wird höchste Zeit, dass wir endlich verstehen: Ohne Insekten geht unser Planet zugrunde – und wir mit ihm. Gemeinsam mit seinem ebenfalls insektenverrückten Bruder Holger Grumt Suárez präsentieren sie ihr erstes gemeinsames Buch aus der 111er-Reihe.